元ヤクルトスワローズ
チーフスカウト
鳥原公二

1987-2016

プロ野球スカウトの裏話

トリ物帖

本書は夕刊フジ連載の
「元ヤクルトチーフスカウト鳥原公二　トリ物帖」全31回より
第1回連載（2020年1月14日〜1月31日）
第2回連載（2020年2月26日〜3月19日）
加筆修正のうえ、改題したものです。

目次

contents

第1章　スカウト活動の裏話①

目次

contents

第3章　スカウトとは

第4章　スカウト活動の裏話 ②
―チーフスカウトになってから―

目次

contents

第1章 スカウト活動の裏話①

長嶋一茂《ながしまかずしげ》

一茂は〝大物〟だった

1987年ドラフト

1986年限りで現役を引退し、球団からスカウトの話をいただきました。初年度のドラフト1位で立教大から入団してきたのが、あの長嶋一茂です。

日米大学選手権などで試合を見ましたが、打撃はパワーもあってすごかった。ただ、気になったのが、左投手はタイミングがバッチリ取れていたのに、右投手だと少しズレていたこと。これはプロに入っても変わらなかったですね。それでもヤクルトは、東京六大学春季リーグ戦が終わった6月ぐらいには、もう1位指名することに決めていました。あの長打力があれば、当時のヤクルトなら三塁のホットコーナーを十分、任せられるのではないかという期待がありました。

ドラフト直前になって、巨人が単独指名に

動いていたそうですが、関根潤三監督の要望が強かったので方針は揺るぎませんでした。大洋（現ＤｅＮＡ）との抽選の結果、〝黄金の左腕〟の異名をとった相馬和夫球団社長が、見事に当たりくじを引き当てました。当時ヤクルトのキャンプ地は米アリゾナ州ユマ。一茂は帰国後の3月上旬に埼玉県戸田市の寮に入ったのですが、忘れられないのは、荷物が多すぎて部屋に入りきらなかったこと。靴だけでもすごい数でした。まずは春物だけ入れることになったのですが、「春夏秋冬で入れ替えるのか…」とスカウト連中で顔を見合わせたものです。国内では宮崎県西都市でキャンプを行っていました。選手は休みの前日になると、宮崎市内まで食事に出掛けます。今はバイパスもできて40分ほどで行けますが、当時は1時間もかかって遠かった。私は地元出身だったので、車で一茂を乗せて宮崎まで行きました。

驚いたのは会計のときです。一茂が「僕が払いますから」と財布からクレジットカードを出してきました。その頃の宮崎では、クレジットカードを使っている人はほとんどいなかったので、さすがは国民的スターのジュニアだなと改めて思い知らされました。

グラウンドでも〝大物〟でした。試合前のノックで、丸山完二ヘッドコーチがフライを打ったのに、一茂は知らん顔してそのままベンチに引き上げたことがありました。「あれはダメだろ」と注意すると、「はい」と元気のいい返事が返ってきたのですが…。

後に巨人でも、土井正三コーチに対して「あいつ、何様のつもりだ」と発言し、大問題になったことがあります。土井さんも丸山さんも立教大出身。長嶋さんの後輩で、一茂にとっては先輩という間柄だったことから、そういった面が出たのかもしれません。

プロ初安打は巨人戦。メジャーリーグで実績のあった右腕のガリクソンから、神宮のバックスクリーンへ本塁打という派手なものでした。こういう部分も含め、野球選手としてとてもいいものを持っているのに、あっさり諦めてしまうところがありました。

身長は181センチで178センチのお父さんより大きく、素材はすごいものを持っていましたが、「プロで一流になってやるぞ」といったハングリーさが少し足りなかった。入団3年目の1990年からは野村克也監督が就任。あのときに考える野球を勉強していれば、一茂の野球人生はまた違った結果になっていたのではないかという気がします。

1987年のドラフト

1位で、長嶋一茂の抽選を外した大洋は盛田幸妃投手（函館有斗高）。巨人は橋本清投手（PL学園）を1本釣り。ロッテは伊良部秀輝投手（尽誠学園）を単独指名している。阪神、近鉄と最多の3球団が競合した川島堅投手（東亜学園）は広島に入団。立浪和義内野手（PL学園）は南海との競合の末、中日が当たりくじを引き、セ・リーグ新人王を獲得した。

アマチュア時代の……

長嶋一茂

　小学4年の時にリトルリーグの目黒クリッパーズに入団、マスコミに追いかけられることがいやで5年の時に野球を辞めてしまった。

　中学3年になると身長が１８０センチ近くになり、握力も80キロを超えた。中学時代は陸上部だったが、そのまま野球を続けていたらどんなにすごい選手になっていたか……

　中学時代の陸上部では１００メートルで大田区の大会に出て決勝まで進んだ。足も速かった。一茂は野球を嫌いになったわけではなかった。

　立教高校に入学すると野球部に入り、甲子園を目指した。入学時はブランクのため結果を残せなかったが2年の秋には四番を任されるほどに成長した。3年春の埼玉県予選では準々決勝に進むが上尾高校に惜敗。3年夏には準決勝まで進みあと2勝で甲子園というというところまで勝ち上がったが所沢商にサヨナラ負けを喫し、甲子園への夢は断たれた。

　卒業後は立教大学に進学し野球を続けた。立教大学では1年からレギュラーとなり4年の時は春季リーグで、四番、主将として打率・３４０を残し、満票で三塁手としてベストナインに選出された。

　秋季リーグでは法政大学と最後まで優勝を争うが惜しくも2位に終わった。一茂は４本塁打を打ち打点王（16打点）にもなり、二期連続でベストナインに選出された。

　この年は、日米大学野球の日本代表にも選ばれ、名実ともにドラフト1位候補となった。

川崎憲次郎《かわさきけんじろう》

１９８８年ドラフト

スカウト第一号の川崎憲次郎が2年生でビックリ

ヤクルトの九州担当スカウトとして最初に携わった選手が、１９８８年に津久見高（大分）からドラフト1位で入団した川崎憲次郎投手です。

「すごい投手がいる」と聞いてすぐ見に行き、3年生だと思っていたらまだ2年生でびっくり。キャッチボールを見て、またびっくりしました。あんなに下手な投手は見たことがありません。子供みたいなキャッチボールなのに、いざ試合で投げると素晴らしいボールを投げるのです。

3年の春、ひと冬越えてどう変わったかを確かめるため、センバツ前の練習を視察しました。ピッチングを見て、成長は感じましたが、肩、肘の状態が良くなく、甲子園では100球を越えると苦労すると思っていました。ところが100球越えても球威は落ちません。インコースにキレの良いストレートを投げ込んでいました。大舞台に強いところを見せてくれました。この時点で1位競合を覚悟しました。

ヤクルトのドラフトといえば1位競合で荒木大輔、高野光、広澤克実、伊東昭光、長嶋一茂を引き当て「黄金の左」の異名をとった相馬和夫球団社長が有名でした。しかし、その年は手術をした後で「腹を切ったら勝負事は勝てん」と代役を片岡宏雄スカウト部長に託すと、巨人との一騎打ちで見事、川崎を引き当てました。2位でも5球団が競合した高知商の左腕、岡幸俊投手を引き当てました。片岡さんも左手で引いたのですが、ヤクルトのくじ運の強さをみせつけました。

今の新人選手は、年が明けるとすぐに入寮し、1月7日ごろから新人合同自主トレをスタートします。当時はまだ新人合同自主トレはなく、八重樫幸雄さんのキャッチャーミットをもらい、私が大分に向かい、ドラフト後から約1カ月、練習相手を務めました。現役引退して2年しかたっていなかったのですが、ブルペンの投球は回転がものすごくて怖いぐらいでした。それでも川崎にはマスコミ対策として、「結果を出すまでは大きなことを言うな」と言って聞かせました。同じ年の大洋（現DeNA）のドラフト1位、江の川高（島根）の谷繁元信は、初めから大きなことをバンバン言っていました。あれだけの選手になったからよかったですが、結果が出なかったら自分で自分の首を絞めかねない。新人は「頑張ります」でいいんです。

川崎は車の免許を取りに教習所に通いたいと言ってきたので、いつまでに取れと期限を授けたのですが、間に合わなかった。すると「練習を休ませてください」と言ってきた。「それは約束と違う」と突っぱねました。そういいながらも、結局は行かせましたが、しっかり約束を守るといった社会人としての教育をするのも、スカウトの仕事です。

その年は1軍の投手だけ、ハワイ・マウイ島でキャンプが行われ、川崎と岡は2人とも選ばれました。岡の方が調整が早く、開幕1軍を勝ち取りましたが、川崎はマイペースで5月の連休明けに初登板。9月に初勝利を挙げると、2年目には12勝を挙げます。

1993年には西武との日本シリーズでMVP。1998年には最多勝と沢村賞を受賞。エース番号の背番号「17」の期待に応える活躍をしてくれました。

1988年のドラフト

セ・リーグは1位が広島・野村謙二郎、大洋・谷繁元信、中日・今中慎二、阪神・中込伸。川崎を抽選で外した巨人は吉田修司。新人王はヤクルト3位の笘篠賢治。パ・リーグはオリックス1位の酒井勉が、西武1位の渡辺智男との接戦を制し新人王に輝いた。川崎は通算88勝81敗2セーブ。2000年オフに中日へFA移籍、2004年に現役を引退した。

アマチュア時代の……

川崎憲次郎

大分県佐伯市出身。子供のころから野球が大好きだった。学校から帰ってきたら野球、一日中野球ばかりやっている少年だった。4年の時に肩が強いからということでピッチャーをやることになった。それ以来ピッチャー。小学生の頃から津久見高校で甲子園へ行くのが夢だった。そしてプロに行きたいという夢がはっきりしていた。目標が決まっていたので一生懸命練習した。全国には自分よりも上手な選手たちがいる、その選手たちに負けたらプロにはなれない、絶対に負けたくない、という強い気持ちがあった。

津久見高校に進んだ川崎は順調に成長した。硬球ボールでもスピード豊かな、たて回転の素晴らしいボールが投げられるようになっていた。柔らかいフォームで手元でぐんと伸びるボールだった。3年になるとエースとして春夏連続で甲子園に出場し、いずれもベスト8まで勝ち進んだ。当時は140キロの球を投げるピッチャーはほとんどいなかったが川崎は甲子園で147キロのストレートを投げた。

3年夏の大分県予選では5試合を一人で投げ抜き、なんと四死球ゼロという快挙で甲子園出場を決めた。甲子園大会の3回戦では後にダイエーに1位指名された篠田淳（大垣商業高校）と投げ合い、毎回の11奪三振、三塁を踏ませない快投で1対0というしびれる試合をものにした。

準々決勝で優勝した広島商業高校に敗れたが、一躍ドラフト1位候補として全国に名前が知れ渡った。

古《ふる》田《た》敦《あつ》也《や》

「メガネをかけている」の真相は

1989年ドラフト

1989年のオフ、ヤクルトの監督に野村克也さんが就任。このとき野村さんは、体調を崩し入院していた。

スカウト会議にも病院から出席。私は以前から面識があり、「ユニフォームを着ていないと、誰かわからんな」と言われましたが、近くの人でも聞き取れないような声で、歩くのも大変そうなほどでした。

ご存じのとおり、野村さんはヤクルト監督になってから、体調が不安になるようなことはなかった。当時のヤクルトは宮崎県西都市でキャンプを張り、西都の「温泉センター」に宿泊していましたが、西都の温泉が効果抜群で、元気を取り戻したといわれています。

野村さんが監督になって最初のドラフトで、ドラフト2位指名したのがトヨタ自動車の古田敦也捕手です。野村さんは「スカウトが『古田はメガネをかけている』と気にしていたので、『今はメガネも軽いし大丈夫だ』と言ってゴーサインを出した」と回顧しています。

しかし実際には、ヤクルトは早い段階から古田をマークしていました。大学時代からずっと見続け、社会人になってからも追い続けていました。ヨソの球団と接触させずに、がっちり固めていました。古田は立命大４年時、他球団から指名すると約束されながら声がかからなかったことがあって、心配していたようです。

担当の羅本新二スカウトは信頼を得ていましたが、ドラフト前の会議でこういった状況を知らない野村さんが混ぜ返しました。困ったことに「飯田（哲也）とか、今いる選手に頭の体操をやらせれば何とでもなるから、捕手は取らなくていい」と言い始めたのです。

「もう決めている選手がいる」と訴えるスカウト側と攻防がありましたが、メガネがダメというような話はなかったと思います。記憶にあるのは野村さんが「メガネをかけているなぁ」とつぶやいた独り言だけです。

１位は新日鉄堺・野茂英雄投手で行くことになりましたが、競合確実。外れ１位を誰にするかが重要で、ヤマハ・西村龍次投手に決まりました。

野村さんに「どんな選手だ？」と聞かれた担当スカウトは、「江夏みたいな投手です」

と即答。「いいじゃないか。それで行こう」とゴーサインが出たのですが…。

西村は右投げで、江夏さんは左投げ。その時点でまったく違います。江夏と聞けば南海時代にバッテリーを組んでいた野村さんが、反応すると分かっていたのでしょう。「こういう言い方もあるのか」と、私のスカウト人生において大いに参考になりました。

西村は1年目から4年連続2桁勝利も1995年の開幕直前に、吉井理人とのトレードで近鉄へ。1998年にはダイエーに移籍し、2001年に通算75勝68敗2セーブで現役引退しました。ヤクルトで2度、ダイエーで3度の開幕投手を務め、2001年以外の4度はチームが優勝するというジンクスがありました。

1989年のドラフト

前年のソウル五輪銀メダルメンバーが大挙プロ入りした大豊作の年となった。史上最多8球団が1位で競合した野茂英雄投手（新日鉄堺）が近鉄に入団しパ・リーグ新人王とリーグMVPをダブル受賞。外れ1位は大洋が佐々木主浩投手（東北福祉大）、ロッテが小宮山悟投手（早大）を指名し入団。ダイエーは元木大介内野手（上宮高）を指名も入団を拒否された。巨人は大森剛内野手（慶大）、西武は潮崎哲也投手（松下電器）、広島は佐々岡真司投手（NTT中国）、中日は与田剛投手（NTT関東）を一本釣り。与田がセ・リーグ新人王に輝いた。広島の4位で前田智徳外野手（熊本工）、阪神の5位で新庄剛志内野手（西日本短大付高）が入団している。

アマチュア時代の

古田敦也

　兵庫県川西市出身。小学３年の時、川西市の少年野球チーム加茂ブレーブスに入団。

　このチームには低学年にキャッチャーがいなかったのと少し太めだったからという理由でキャッチャーをやることになった。

　選手としては中学時代から注目されていたが公立の川西明峰高に進み、高校時代は無名だった。

　大学は一般受験で立命館大学と関西大学に合格したが、立命館大学に進学し野球を続けた。

　大学時代に才能が開花、関西学生リーグでベストナインに４度選ばれた。関西学生リーグで通算77試合に出場し２３４打数72安打、打率・３０８、８本塁打、44打点の成績を残した。大学野球の日本代表にも選ばれ、プロ注目の選手となっていった。

　卒業時にはヤクルトを含む複数球団が獲得に動き、指名を確約していた球団もあったが、指名が無くトヨタ自動車に入社した。

　指名漏れの原因はメガネをかけていることだったらしい。

　古田はメガネをかけていても必ずプロになってやるという反骨心で努力した。

　トヨタでは1年目からレギュラーとなり、バッターとしても中心選手となって都市対抗で大活躍した。

　１９８８年ソウルオリンピックの日本代表に選ばれ、野茂英雄らとバッテリーを組んで銀メダルを獲得した。

　野茂、潮崎、与田、佐々岡、佐々木、小宮山などと並んで、この年のドラフト上位候補となった。

高《たか》津《つ》臣《しん》吾《ご》

１９９０年ドラフト

小池秀郎が当たっていれば岡林洋一も高津臣吾も獲れなかった

１９９０年のドラフトは亜大の小池秀郎投手が目玉。ヤクルトとは相思相愛でした。しかし８球団競合の末、当たりくじを引いたのはロッテ。これがその後の球界の歴史を変えたといっていいでしょう。

実はロッテは専大の岡林洋一投手を１位指名する予定でした。小池は「ロッテには行きません」と拒否していたため、岡林を１本釣りしようとし、他球団も手出ししないということになっていたのですが、ドラフト直前に金田正一監督が「小池に行け。ワシが説得すれば何とでもなる」といい始め、強行指名に踏み切りました。

かなりの球団が競合するとみられていたので、ロッテの誰もが「どうせ当たらない」と高をくくり、誰も金田さんを止めなかったそうです。ところが、なんと松井オーナー代行が当たりくじを引いてしまいました。そこでヤクルトは外れ1位を、当初は指名する予定がなく、直前の会議でまったく名前の出ていなかった岡林に切り替えました。

岡林は専大で大活躍した将来性のある投手です。ヤクルトも1位候補としてリストアップしていました。しかし、小池を1位指名することが決まっていたので、外れ1位では取れないと判断していました。

もしもロッテ以外のチームが小池を引いていれば、ヤクルトは岡林を指名していなかったでしょう。

そして3位で、小池と同じ亜大の高津臣吾投手を指名します。亜大は小池と川尻哲郎投手（阪神など）と高津の3枚が揃っていましたが、小池が目立ちすぎていました。しかし高津はサイドスローから140キロのボールを投げ、コントロールもよかった。

ドラフトでは同じチームから2人を取らないという不文律のようなものがあります。もしも小池のくじをヤクルトが引いていたら、高津のヤクルトもなかった可能性が高いです。

小池はロッテの入団を拒否し、社会人野球の松下電器（現パナソニック）に進みましたが、パッとしなかった。「えっ、これが小池!?」という感じになっていました。

小池は2年後に近鉄を逆指名しドラフト1位で入団。5年目の1997年に15勝を挙げ最多勝を獲得していますが、2桁勝利はその年だけでした。

一方、岡林は1992年のリーグ優勝に貢献。西武との日本シリーズでフル回転し、伝説を残しました。2020年現在はヤクルトの関西地区スカウトとして、新戦力を発掘してくれています。

2020年からヤクルトの監督に就任した高津は、抑えとして4度の日本一に貢献しました。名球会に入る大活躍をしてくれました。もしも小池の当たりくじを引けていたら、2人ともヤクルトには入っていなかったでしょう。

高津はメジャーリーグでも抑えとして活躍し、MLBチャンピオンにもなっています。韓国プロ野球、台湾プロ野球も経験しています。

世界を知り尽くした様々な経験と投手出身である強みを生かし、投手起用の妙を見せてもらいたいものです。

そして、ヤクルトを日本一に導いてくれることを願っています。

1990年のドラフト

小池を外した7球団は、阪神が湯舟敏郎投手（本田技研鈴鹿）、中日は小島弘務投手（元・住友金属）、日本ハムは住吉義則内野手（プリンスホテル）、近鉄は寺前正雄（北陽高）、広島は瀬戸輝信捕手（法大）、西武は長見賢治投手（伊丹西高）を1位指名。前年ダイエーに指名され浪人した元木大介内野手は巨人1位。オリックス1位の長谷川滋利投手（立命館大）がパ・リーグ新人王。中日5位の森田幸一投手（住友金属）がセ・リーグ新人王を獲得した。

アマチュア時代の

高津臣吾

広島市出身。自宅の部屋から広島市民球場がよく見えた。小さいころから市民球場に何度も通い、広島カープの選手に憧れた。カープが好きで小学3年から野球を始めた。しかし、野球ではずっと苦労をしてきた。

高校は地元の広島工業高校に進学したが、同学年にすごい投手がいた。なんとか生きる道を見出そうとアンダースローに変えた。バッティングピッチャーをやりながら、どうやったら気持ちよく打ってもらえるかを考えた。そして、その逆をやれば打たれないことに気が付いた。それによって投球術を覚え、エースにはなれなかったが2番手投手の座をつかんだ。春夏連続で甲子園に出場しているが登板はなく代打での出場のみだった。それでも3年夏の広島県予選では4試合に登板して2完封、準決勝でも尾道東高校相手に完投しチームに貢献した。

卒業後は亜細亜大学に進学し野球を続けた。ここでも同期に小池秀郎がいてエースにはなれなかった。2番手ピッチャーとして、どうやって生きていくか、どうしたらチームに貢献できるかを考えて、もっとスピードをつけるためアンダースローからサイドスローに変えた。その時、サイドからのシンカーを覚え通用するようになった。

大学時代は通算40試合に登板し11勝15敗、防御率2・34、140奪三振の成績を残した。ドラフト候補としても注目されるようになった。地元の広島カープに入りたかったが、サイドスローはいらないと断られたようだ。

石井《いしい》一久《かずひさ》

1991年ドラフト

九州から関東に担当替えで石井一久を獲得

九州で3年間スカウトを務めた後、担当が関東地区に替わった1991年。テレビ朝日「ニュースステーション」のスポーツコーナーで、「ザ・スカウト」と題した私の特集が5分ほど組まれました。

キャスターはヤクルトで同僚だった栗山英樹（2020年現在日本ハム監督）。「鳥原さんも選手時代は苦労されている方なので」と紹介してくれました。

家での仕事風景など密着取材を受けたのですが、当時マークしていたのがドラフト1位の東京学館浦安高・石井一久投手です。甲子園の出場経験はなく、3年夏の千葉大会も5回戦で敗れましたが、私は早い段階から目をつけていました。

投げ方は荒っぽいイメージですが、スト

レートが速くカーブがいい。フォームはステップ足が突っ張り、ストップがかかるためカーブのキレが良くなる投げ方です。

他球団の評価も高く、ドラフト2位では取れないので、指名するかどうかは他のドラフト1位候補との比較になります。

この年に評価が高ったのは4球団が1位指名で競合し、抽選の結果ダイエーに決まった若田部です。

ヤクルトは若田部より石井の方が将来性があると判断し、早い段階から石井をドラフト1位で指名することを決めていました。

一久も当時の石岡康三投手コーチの親戚ということもあり、ヤクルトに入りたがっていました。「遠くに行きたくない。九州も北海道も嫌だし、アメリカにも行きたくない」と言っていたくらいで、よほど近くのチームがよかったのでしょう。

無事に単独指名が決まり、私が一久の家に「交渉権を獲得しました」と電話を入れたシーンを後からテレビで見ると、ちょっと涙ぐんでいました。やはり思い入れがあり、こみ上げるものがあったのでしょう。

一久を千葉に見に行った際の忘れられないエピソードがあります。スカウト部長も務めた先輩の塚本悦郎スカウトが「この子、何か事故しているな」と言い始めました。「なんですか、それ?」と驚いて聞き返すと「走り方がおかしい」と。

そこでご両親と会ったときに聞くと、小さ

いときに轢《ひ》かれたことがあると打ち明けられました。塚本さんにはスカウトとしての心構えや、選手の見方など、いろいろなことを教えてもらいましたが、このときは先輩の眼力にビックリしました。

体も大きくなり、球は速くなり、カーブもものすごくキレがいい。どんどん力をつけていきました。また、数字に強くて、暗算力はものすごくよかった。契約の話をしていても、計算がすぐできると聞きました。

プロに入ったばかりのころは、「引退後はパン屋さんやケーキ屋さんになりたい」と話していた一久ですが、今や楽天のＧＭです。。ＦＡでの選手獲得やトレードなどで、思い切ったチーム作りをしています。三木谷浩史オーナーから信頼も厚く、これほどすごい仕事ができるとは、夢にも思いませんでした。

1991年のドラフト

若田部健一投手（駒大）が巨人、広島、西武と最多の4球団競合となり、ダイエーが獲得。斎藤隆投手（東北福祉大）は大洋が中日との抽選を制した。石井から降りたロッテは吉田篤史投手（ヤマハ）。オリックスは田口壮内野手（関西学院大）、巨人は外れ1位で甲子園優勝投手の谷口功一投手（天理高）を指名した。4位は、オリックスが鈴木一朗外野手（イチロー、愛工大名電高）、近鉄が中村紀洋内野手（渋谷高）、広島が金本知憲外野手（東北福祉大）、阪神が桧山進次郎外野手（東洋大）。大洋6位は三浦大輔投手（高田商）と下位指名に逸材が揃った。パ・リーグ新人王は近鉄1位の高村祐投手（法大）、セ・リーグ新人王は阪神2位の久慈照嘉内野手（日本石油）。

アマチュア時代の

石井一久

千葉県千葉市出身。小学3年からリトルリーグの北千葉ポニーに入団。6年の時、関東大会で優勝。

中学時代は一塁手で3年の時には日本代表に選ばれ、ハワイ遠征に参加している。中学最後の大会でホームランを打ったのを見た東京学館浦安高校の監督から誘われて東京学館浦安高校に進学した。

高校生になるとピッチャーになったが、なかなか結果が出なかった。砂浜で長距離走などよく走らされ、少しずつその成果が出てきた。

技術的にも肘の使い方が上手くなり、ストレートが速くなり、カーブの落差も大きくキレも良くなってきた。マウンド度胸も身についてきた。

強豪校との練習試合でも一久の速球に振り遅れる選手が続出した。また変化球にタイミングを外され空振りが目立って多くなってきた。

3年夏の千葉県予選で、4試合に登板し52奪三振を記録した。この頃から高校NO1投手と評価されるようになり、一躍ドラフト1位候補となった。

一久は、3年になってからも同期の投手では一番走ったと言えるほど走り込んだ。走り込みを十分に行って、強い足腰と強い身体をつくった。

地元の千葉ロッテから盛んに勧誘を受けたが断った。

行きたいとは思ってはいなかったが阪神は1位では指名できないと言ってきた。

一久の希望球団は在京球団で第一希望はヤクルトスワローズだった。

伊藤智仁《いとうともひと》

1992年ドラフト

松井秀喜よりも伊藤智仁を野村克也監督が推したワケ

1992年のドラフトは星陵高の松井秀喜内野手と、三菱自動車京都の伊藤智仁投手のどちらを指名するか、球団内で意見が割れました。

松井は10年に一度の逸材で将来性抜群の選手です。甲子園では5打席連続で敬遠され相手チームにおそれられた怪物で人気も全国区です。ヤクルトに是非ともほしい選手です。

一方、伊藤はアマチュアナンバーワンピッチャーで、即戦力として1年目から活躍が期待できます。こちらも、どうしても欲しい選手なのです。

将来の4番を取るか、即戦力の投手を取って翌年の優勝を目指すかの選択です。

ドラフト前は毎年、秋季キャンプが行われている宮崎・西都まで候補選手のビデオを持っていき、野村克也監督やコーチ陣に見せるのが恒例です。その年は私がその役を仰せつかりました。

1人1人の特徴を紹介し、質問に答えていくのですが、そこで野村さんは「松井は足が遅いだろ。だからダメだ」と言い始めました、でも松井は足は遅くない。これは今でも不思議ですが、おそらく優勝するためには、投手の補強が最優先と考えていたのでしょう。選んだのは伊藤智でした。

東京に戻って、野村さんの意向を伝えると、他のスカウトから「何でだよ？　当然松井だろう」と言われましたが、正直いって決め手には欠いていました。そこで野村さんの要望どおり、伊藤智の指名が決定しました。広島、オリックスと3球団競合の末、野村さんが当たりくじを引きました。

一方の松井は4球団競合、こちらは巨人の長嶋監督が引き当てました。松井の意中の球団が阪神だったことはよく知られていますが、最終的に阪神が松井を指名すると決めるまでは、ずいぶん時間がかかったそうです。

伊藤は1年目の夏場に右ひじを痛め、ケガに泣かされた野球人生となりましたが、新人王を獲得し、復活した97年には日本一に貢献。松井も巨人、メジャーリーグで大活躍しましたが、今でも野村さんは「伊藤にして大正解だった」と話しています。

ヤクルトの3位は日大の真中満外野手です。真中は日大の1年から活躍し、秋の入れ替え戦でサヨナラホームランを打つなど勝負強いバッティングをしています。4年の春には打率・386、13打点、東都リーグ通算71試合に出場し、260打数78安打、打率・300、本塁打8、打点41でベストナインに4回選ばれています。バランスの取れた素晴らしい選手です。

実は3位以下なら、指名されても社会人野球の日立製作所に進むことが決まっていました。なのでヤクルトは指名しない方向でした。

ところが、強行指名したせいで日立出身で担当スカウトだった私が、日立の監督から「おまえ、真中は指名しないと言ったじゃないか」と怒られる羽目になったのです。

真中は3拍子揃った選手で名前は出ていましたが、スカウト会議で推薦してもそこまで熱心なムードではありませんでした。指名することになって、一番驚いたのは私でした。

2位は住友健人内野手(鳴門高)、3位が真中と野手が続きました。

もしも1位で松井を獲れていたら、同じ左打者の真中は避けて投手に切り替えていたかもしれません。

ヤクルト4人目の優勝監督には、こんな運命の綾もありました。

アマチュア時代の

伊藤智仁

京都市出身。小学3年の時に父が監督を務めるチームで野球を始めた。

中学2年から投手となり花園高校に進学した。花園高校では毎日のシャドーピッチングなどの努力によりエースとなった。秋季近畿大会に進むが、1回戦で元木大介らのいた上宮高校に敗けた。甲子園には縁がなくプロに注目されることもなかった。卒業後は三菱自動車京都に入社した。社会人として野球を続けていたが、持ち球はストレートとカーブしかないため、当時、社会人野球は金属バットだったので金属バットの主軸打者にはまったく通用しなかった。

そこで大きく曲がるバットに当てさせない変化球を投げたいと考えた。後にプロ入りする野茂英雄のフォーク、潮崎哲也のシンカーなど同じようなバットにかすらせない球種を編み出そうと考えた。同僚の投手にスライダーの握りを教わり、試行錯誤を重ねた結果、高速スライダーが投げられるようになった。同時にストレートの球速も増してきて、思うように三振が取れるようになった。1991年の日本選手権でベスト8まで勝ち上がりドラフト候補にもなった。しかし、ドラフトされることを断りバルセロナオリンピックを目指した。そして、オリンピック代表に選ばれ、本大会では18イニングで27三振を奪い1大会奪三振記録を作った。この記録は後にギネス記録にも認定されている。これらの活躍によって、全球団から注目されるドラフト1位候補になった。

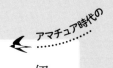

清水千曲《しみずちくま》

創価に清水千曲という、いい選手がいるんだけど

1992年ドラフト

1992年のドラフト直前の会議で、大慌てすることになります。野村克也監督が「創価に清水千曲という、いい選手がいるんだけど」と推薦してきました。しかし、そんな選手は思い浮かびません。すぐにスポーツ紙のドラフト候補一覧を見たのですが、載っていなかった。

「創価ってどこだ？　創価大学か？　埼玉の草加高か?」と調べた結果、創価高の外野手で、同年夏の甲子園にも3番センターで出場しています。

担当は私で、プレーも見ていました。甲子園での創価対熊本工業の試合を思い返しましたが、全く記憶に残っていません。

甲子園では一人一人を細かく見てスコアブックに評価を記入していきますが、その時

点で対象外と判断したようです。

後でスコアブックを見返しましたが、評価外のしるしを記入していました。

実は野村沙知代さんがオーナーを務めるシニアリーグ・港東ムースに所属していた選手で、野村さんは中学生のときから目をつけていたようです。

「これは大変なことになった」と慌てて調査票を作成。ドラフト8位で獲得することになりました。

俊足好打で野村さん好みの選手。しかし、当時のヤクルトは同じ右投げ右打ちの俊足外野手は飯田哲也、城友博。さらに橋上秀樹や土橋勝征がいたため、一軍の壁は厚かった。3年間在籍し、一軍に昇格することなく、引退しました。

その年の七位は、栃木のクラブチームであるオール足利の小倉恒投手です。小倉は富士重工の補強選手として、同年の都市対抗に出場するほどの選手であり、また、同チームには小倉のほかにもう一人本格派の相沢が所属していましたので、彼ら二人を見るために私は何度も足利に足を運びました。

当時の球団社長である相馬和夫さんから、「オール足利にいい投手がいるのを知ってるか」と聞かれたことがありました、即座に「小倉と相沢のことですか」と答えたところ、ちゃんと仕事しているな。さすがだな、とお褒めの言葉をいただいた事を覚えています。

相馬社長は栃木県にあるヤクルトの社長も

されていた関係から、県内の有力選手に詳しかったようです。

相沢もいい選手でしたがチーム事情から即戦力の中継ぎ投手を探していましたので、小倉投手を指名することとしました。

当時はまだ社会人野球のチームも多く、クラブチームの選手がドラフト指名されるのは、史上初だったそうです。

中継ぎとして一軍でも投げていましたが、5年目のシーズン途中にオリックスへトレード。移籍直後にプロ初勝利。1999年は48試合に登板し、2000年は48試合で9勝を挙げ、オールスターにも初出場。2001年は先発で10勝と、才能が開花しました。

2005年は楽天で戦力外通告されましたが、12球団合同トライアウトで新監督になった野村さんの目に留まり再契約。

2006年はチームトップの58試合に投げ、6勝4セーブ、15ホールドと活躍しました。

1992年のドラフト

伊藤を外したオリックス1位は、のちにヤクルトとの日本シリーズで「オマリーの13球」で知られる小林宏投手(広島経大)、広島1位の佐藤剛投手(本田技研)は、1998年にヤクルトへ移籍した。松井を外した阪神は安達智次郎投手(村野工)、中日は佐藤秀樹投手(三菱重工横浜)、ダイエーは早大を中退していた大越基外野手。パ・リーグ新人王は西武1位の杉山賢人投手(専大)が獲得した

アマチュア時代の

清水千曲

東京都出身。中学時代は野村沙知代がオーナーの港東ムース（中学硬式野球チーム）で活躍した。

誘われて創価高校に進み甲子園を目指す。創価高校では順調に成長し、俊足好打の外野手として3番を任される打者になった。3年夏の東京都予選では準々決勝まで14打数5安打2打点、準決勝の工学院大高校戦では初回のチャンスに右中間を破る三塁打で先制、続く2回には二死満塁で打順が回ってきて、追い込まれながら落ちる変化球を見事にとらえレフトオーバーの二塁打で勝負を決めた。そして、決勝戦にも勝って甲子園出場を決めた。

甲子園の初戦では熊本工業高校と対戦し、中盤まで4対1とリードされていたが終盤追い上げ、1点差に迫るタムリーヒットを打った。しかし後続が続かず4対3で敗れてしまった。これで清水の夏は終わった。この時点では、どの球団もドラフト候補としてリストアップしていなかった。

小倉恒

小学校2年から少年野球チームに入り野球を始めた。4年の頃ピッチャーとなった。鹿沼東中から鹿沼商工高校へ進み甲子園を目指したが、甲子園には行けなかった。高校卒業後は地元の全足利クラブに所属し足利市役所の職員として働きながら、野球を続けた。

1992年、富士重工業の補強選手に選ばれ都市対抗野球大会に出場したが、ヤクルトを除く他球団からはノーマークだった。

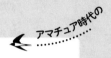

山部太《やまべふとし》

山部太の腰に針が発覚でビックリ

1993年ドラフト

1993年のドラフト会議から、上位2人まで大卒、社会人出の選手には逆指名が認められました。逆指名してもらうまでは大変ですが、楽な面もありました。ドラフト会議の時点で、上位2人が決まっているため、選手の人数を絞って臨むことができます。

ヤクルトの初年度の1位はNTT四国の左腕、山部太投手でした。水面下ではすさまじい争奪戦があり、他球団ではヤクルトよりもいい条件を提示した球団もあったようですが、当時は2年連続優勝で人気もありました。「強いチームでやりたい」とヤクルトを選んでくれました。

まずは仮契約があり、入団発表の当日に正式契約を結ぶのですが、とんでもないことが発覚しました。腰が悪く、置き針をしていたのです。

健康診断でレントゲンを撮ると、腰に20本ぐらい入っていたのが映っていて、一同ビックリです。

治療などで赤外線を当てれば体内で針が焼けて、やけどをしてしまう。プロでやっていく上で、大きな不安材料になります。球団幹部らは夜中まで「どうする？」と話し合いを続けましたが、1位指名までして今さら白紙には戻せません。

多少のリスクは覚悟しましたが、山部の入団が決定。2年目の95年に16勝を挙げて日本一に貢献。13年間の現役を通じて腰には大きなケガもなく、この賭けはスカウトにとっては大成功でした。

山部は大きな問題とはなりませんでしたが、この教訓を生かし、以降のドラフトでは健康診断を早めることにしました。その上で、仮契約書に「健康診断の結果によっては、契約を破棄できる」という項目を盛り込んだのです。

指名候補選手の検査はドラフト前にやった方がいい、というのが私の持論。コミッショナーが管理してくれればいいのですが、結果的に指名漏れする選手が出てくるという難しさもあります。

大リーグではこうしたチェックに引っ掛かり、契約破棄や契約条件を下げられることもあるそうですが、日本では聞いたことがありませんね。

逆指名のドラフトは、指名を取り付けるまでが大変。それでもヤクルトは「マネーゲームには参加しない」という方針でした。

アマチュア時代の

山部太

愛媛県八幡浜市出身。中学時代は軟式野球部で外野の控えだったが、八幡浜工業高校から投手としての勧誘があり入学を決めた。

高校では一からピッチャーとしての基礎を学んだ。八幡浜工業高校のエースになれるよう走り込み、身体を作り、フォームを研究するなど努力した。そして、投手として順調に成長し、低めに伸びるストレートを武器に真っ向勝負できる本格派の投手となっていった。

3年夏には愛媛県予選の準決勝で春のセンバツで優勝した宇和島東戦に登板し延長10回を投げ抜き勝ち上がった。決勝では松山商業高校に破れ甲子園出場を逃したが、好投手としてプロから注目される存在になった。

プロからの誘いがあったが腰に不安がありプロではまだ通用しないと判断しＮＴＴ四国へ入社した。

ＮＴＴ四国では、さらにレベルを上げ、西山一宇との左右の2枚看板で１９９０年から４年連続で都市対抗に出場し大活躍した。

都市対抗ではキレのある縦に落ちる緩い変化球と１４０キロ台のストレートをコースいっぱいに決め、バッターに的を絞らせないピッチングで、相手打線を翻弄した。

いい時には点を取られる心配がないほど凄みのある投球を見せた。

93年にインターコンチネンタルカップ日本代表、アジア野球選手権日本代表にも選ばれ、活躍した。

全12球団からマークされる、有力なドラフト逆指候補になった。

1994年ドラフト

稲葉篤紀《いなばあつのり》

耳を疑った稲葉篤紀の指名

1994年のドラフト1位、北川哲也投手（日産自動車）の担当スカウトは私でした。日産自動車にあいさつに行った時のこと。会社の人に「あんたペーペーだろ。ドラフト1位をあげるんだから、役員クラスを連れてこないと話にならないよ」と追い返されました。

そこで翌日、役員の人に頼んで一緒に行ってもらいましたが、「この野郎」と頭にきました。ロッテも獲得に乗り出していましたが、私は北川の周辺をしっかり押さえていたので、逆指名を取り付けることができました。

1位の北川、2位の宮本慎也内野手（プリンスホテル）までは逆指名です。休憩をはさんで3位指名が始まると突然、野村克也監督が「稲葉（篤紀・法大）はダメなのか？」と言い始めたのです。

これには「なんで!?」と耳を疑いました。「五島（裕二）を指名します」と山梨学院高の監督に当日朝、連絡を入れていたからです。こんな土壇場で覆されたら私の立場がありません。頭が真っ白になりました。

野村さんは左打者がほしくて、明大3年だった息子の克則が出場する東京六大学を見に行った際、本塁打を2本打った稲葉を鮮明に覚えていたそうです。鶴の一声で3位は稲葉に替わり、五島はオリックスが3位で指名しました。

法大時代の稲葉は一塁手。このポジションは毎年20本塁打ぐらいの長打力がないと、外国人に取って代わられてしまいます。稲葉にそこまでの力はないという評価でしたが、野村さんは外野で使おうと考えていました。

プロに進んだ稲葉は外野手部門のベストナイン5回、ゴールデングラブも4回。慧眼《けいがん》としか言いようがありません。

ちなみに、野村さんが「この選手を取ってほしい」と言ってきたのは、稲葉のときだけ。基本的にはスカウトに任せてくれました。

監督によって方針が変わることもあります。若松勉さんは「スカウトがずっと見ているんだからお任せします」。これはスカウトにとって、やる気が出る言葉でした。日本ハム時代にはGMを務めた高田繁さんも「内野の候補はいますか?」と聞いてくる程度でした。

逆に、いろいろ言ってきたのが古田敦也。「足の速い左打ちのショートがほしい」と具体的に指示してきました。若い監督だったので、理想とするチームづくりを大胆に進めたい気持ちは分かりましたが、果たして「ワンチーム」になっていたのかなという気はします。

1994年のドラフト

ヤクルトは逆指名で宮本慎也内野手、3位で稲葉篤紀内野手を獲得。巨人が逆指名で河原純一投手、広島が逆指名で山内泰幸投手を獲得。横浜が4位で多村仁外野手、5位で相川亮二捕手を獲得した。ロッテが1位で大村三郎外野手、2位は逆指名で黒木知宏投手を獲得。ダイエーは駒沢大入りが決まっていた城島選手を強行指名し、大きな問題となったが当時の王監督が説得しプロ入りが決まった。

アマチュア時代の

稲葉篤紀

愛知県西春日井郡師勝町（現・北名古屋市）出身。

父の影響で小学1年から野球を始めた。

中学はシニア、高校は中京高校に進み1年秋からレギュラーとなり、高校通算50本塁打を打った。

高校3年夏は、順調に勝ち進み決勝の相手は1学年下のイチローがいる愛工大名電高校だった。接戦となったが5対4で破れ、甲子園への夢は断たれた。

隣町に住んでいたイチローが、「中学3年生のとき、将来確実にプロに行くだろう稲葉さんをバッティングセンターで見て大きな指針になった」と振り返っている。

一方、稲葉もイチローが小学生の時、中学生にとっても速い120キロのボールを簡単に打ち返すのをよく見かけ、「すごいなあ」と感心していた。

稲葉は、高校を卒業すると法政大学に進学した。法政大学では1年春から試合に出場したが怪我が多く、レギュラーに定着したのは3年春だった。

4年になると四番に定着、春季リーグで活躍し、一塁手でベストナインに選出された。

秋季リーグでも活躍し、法政大学の優勝に貢献した。日米大学野球の代表にも選ばれた。

リーグ通算成績は307打数86安打、打率・280、本塁打6、打点50でプロ注目の選手となった。

どの球団も獲得を検討していたが、近鉄が盛んにアプローチをかけ、ドラフトでは近鉄が上位で指名するものと思われていた。

野村克則《のむらかつのり》

カツノリの入寮で母サッチーが部屋から出てこない

1995年ドラフト

1995年のドラフトで私が担当を命じられたのは、まさかの野村克則捕手（明大）でした。野村克也監督の息子です。

東京六大学は管轄外なのに突然、指名されて「えっ、何で俺が!? ここは俺じゃないだろ…」と困惑しました。

ドラフト前には野村ご夫妻にあいさつ。沙知代さんがオーナーを務めるシニアリーグ・港東ムースが神宮室内練習場で練習しているところを訪ねて、「野村克則選手を指名させてもらいます」と報告しました。ただ、3位で指名した後も、条件面の交渉をした覚えはないんですよね…。

カツノリは明大2年の東京六大学秋季リーグで首位打者を獲得。打撃は素晴らしかったので心配はなかった。当時の明大は上

'87 '88 '89 '90 '91 '92 '93 '94 '95 '96 '97 '98 '00 '01 '02 '03 '04 '05 '06 '07 '08 '09 '10 '11 '12 '13 '15 '16

下関係が厳しいことで有名でしたが、4年時には責任のある立場でリーダーシップを発揮していました。ただ、捕手としては膝や股関節が固く、腰高のキャッチングは気になりました。

忘れられないのは1月の入寮のとき。野村監督と付き添いできた沙知代さんが、部屋に荷物を運び終わった後も扉を閉めてなかなか出てきません。私たちはロビーで待っていたのですが、別れが惜しくて、帰れなかったそうです。やはり母親なんですね。こういう母親は実は今までかなりいて、中には「泊まっていいですか」と聞いてきたケースまでありました。

カツノリの代はドラフトで4人しか指名しませんでしたが、その全員が優勝した2015年の1軍コーチでした。これは、なかなかすごいことだと思います。

1位は福留孝介（PL学園高）を外し、外れ1位の沢井良輔（銚子商）も獲れず。外れの外れ1位で指名したのが、三木肇（上宮高）です。

現役時代はドラフト1位ながら脇役に徹しました。当時の野村監督は主役と脇役をはっきりと分けた采配をしました。選手にもそのことを理解させ、チームには名脇役が必要なことを常に言い続け、浸透させていきました。三木は指導者になってからもこの時の経験が生きていると思います。

2015年に真中満監督が誕生すると、

ヘッドコーチに就任しました。指導ぶりを見ていて「すごいな」と感心しました。選手と話をして、理解させ、選手が納得してからやらせます。言葉遣いも丁寧で大人の会話ができる指導者です。技術的にも実に的を射た指導をします。性格的にも素晴らしい人間です。

三木が指導者として手本にしたのが、日本ハム時代の福良淳一ヘッドコーチ（2020年現在オリックスGM）だそうです。三木はトレードで日本ハムに移籍。福良は梨田昌孝監督を支えていて「あんなすごい参謀はいない」と参考にして、自分の野球観を作り上げていったと聞きました。

山田哲人の盗塁に対する感覚が、三木の指導で大きく変わったというのもうなずけます。トリプルスリーの陰の立役者は、2020年から楽天の監督を務め、野村克則が作戦コーチとして参謀役を務めています。

1995年のドラフト ヤクルト、巨人、中日、近鉄、ロッテ、日本ハム、オリックスの7球団が競合指名した福留内野手は近鉄が交渉権を獲得するが拒否して日本生命に入社。ダイエーは1位で斉藤和巳投手を獲得。巨人は逆指名で仁志敏久内野手、3位で清水隆行外野手を獲得。ヤクルトは2位で宮出隆自外野手、4位で石井弘寿投手を獲得。中日は外れ1位で荒木雅博内野手を獲得した。

アマチュア時代の

野村克則

大阪府豊中市出身。母である野村沙知代がオーナーの港東ムース（中学硬式野球チーム）に入団。この時、父である野村克也も監督に就任し1年間だけ、カツノリはグランドで指導を受けた。

野村監督は就任からわずか1年でチームを全国大会に導きベスト16に入った。カツノリは4番ファーストで活躍し、シニアリーグの日本代表にも選出された。

高校は堀越高校に進み主将、一塁手として活躍した。3年春の修徳高校との準決勝ではホームランを打ったがチームは敗れた。

夏の西東京予選も準決勝まで勝ち進んだが、世田谷学園高校に延長11回で敗れ、甲子園への夢は断たれた。

プロからの誘いもあり、プロ入りを希望していたが、父克也からの懇願によって大学進学を決めた。大学は明治大学へ進学。在学中は4回の優勝を経験した。

2年の秋季リーグで47打数17安打、打率・362で首位打者と打点王を獲得し一塁手としてベストナインにも選ばれた。

3年になるとキャッチャーにポジションを替えプロを目指した。

4年の秋季リーグでは2学年下の川上憲伸とバッテリーを組み優勝した。

明治神宮野球大会でも井口資仁らのいた青山学院大学に勝って優勝した。

大学通算256打数72安打、打率・281、3本塁打、33打点の好成績を残した。大学で大きく成長した克則は捕手としてドラフト上位候補選手となった。

伊藤彰《いとうあきら》

1位指名が最後まで決まらず伊藤彰を指名

1996年ドラフト

1996年のドラフトは、最後まで1位指名が決まりませんでした。

始めは全日本の4番を打っていた新日鉄君津の松中信彦内野手の逆指名へ動きました。

当時の社会人野球は金属バット。全日本の4番でも木製バットのプロでは成績を残せない選手が多かった。しかし松中はバットのヘッドを効かせる打ち方で、スイングスピードも速い。木製バットでも十分対応できるという判断でした。

むしろ心配だったのは打撃よりも一塁守備のスローイング。松中は左投げでしたが、右で投げることはできないのかと、プロ入り後も練習をさせたこともあったと聞いています。

結局、熊本出身の松中は地元九州のダイエー（現ソフトバンク）入りを希望。断念する

'87 '88 '89 '90 '91 '92 '93 '94 '95 '96 '97 '98 '00 '01 '02 '03 '04 '05 '06 '07 '08 '09 '10 '11 '12 '13 '15 '16

'87 '88 '89 '90 '91 '92 '93 '94 '95 '96 '97 '98 '00 '01 '02 '03 '04 '05 '06 '07 '08 '09 '10 '11 '12 '13 '15 '16

ことになりました。

そこから、筑波大の杉本友投手に方向転換し、私が出向きました。とても感じのいいお父さんで「これはいけるんじゃないか?」と手応えをつかんだのですが…。

その矢先に「オリックスを逆指名します」と断りの電話が入り、これで逆指名の候補はいよいよ行き詰まってしまいました。

次のターゲットは、山梨学院大付高の左腕・伊藤彰投手。高2、3年と夏の甲子園に出場したものの、左肩を痛めていました。

そこでドラフト前に練習を見に行ったところ、ブルペンでの投球や、30～40メートルの距離のキャッチボールですばらしい球を投げます。「これは治っている」と判断し、単独で1位指名しました。

調布シニア出身で、荒木大輔の後輩にあたるため背番号は同じ「11」。登録名も「アキラ」と荒木にあやかりました。

ところが左肩は治らず1軍昇格もないまま、わずか4年で引退しました。

その後は山梨学院大に進学し、2014年には同大野球部監督に就任しました。

全日本大学選手権大会に初出場を果たすなど、第二の人生で頑張ってくれているのは、うれしいですね。

アマチュア時代の

伊藤彰

東京都調布市出身。静岡八雲小3年から、野球を始めた。中学は東京に引っ越し、調布リトルシニアに入団。調布リトルシニアでは順調に成長しエースとして活躍した。関東で伊藤の存在を知らない強豪の高校野球関係者はいなかった。伊藤は多くの強豪高校から勧誘を受けたが、恩師である調布シニアの監督が山梨学院大付属高校の監督へ就任することが決まり、山梨学院大付属高校への進学を決めた。

山梨学院大付属高校は新監督就任と伊藤の入学によって強豪チームになっていった。

伊藤は1年の秋からエースとなり活躍。左の本格派投手として完成度の高い投球技術を身に付け、プロ注目の投手となっていった。

2年の夏には伊藤の球を打てるバッターは山梨県にはいなくなった。この年の山梨学院大付属高校は、夏の山梨県予選を勝ち進み、決勝でも伊藤が勝利投手となって甲子園出場を決めた。

3年生になってからも伊藤は成長し、2年連続の甲子園出場を決めた。この頃から本格派の左腕として12球団から注目されるドラフト1位候補になった。

しかし、この頃から伊藤は左肩に不安を抱えていた。今までの酷使からか左肩が痛むようになった。

軽傷でプロ入りは問題ないと思われていたが、熱心に勧誘していた近鉄がメディカルチェックを受けるように依頼した。伊藤はこれを拒否し近鉄入りは無くなった。この時、伊藤の希望は在京球団だった。

高《たか》橋《はし》由《よし》伸《のぶ》

相思相愛のはずの高橋由伸がまさかの巨人逆指名

１９９７年ドラフト

ヤクルトは１９９７年の夏場までに、慶大・高橋由伸外野手の逆指名を取りつけられるという感触を得ていました。

千葉出身だったため地元のロッテや、神奈川・桐蔭学園高の地元横浜も獲得に動いていましたが、そこまで脅威ではなかった。高橋自身がヤクルト入りを望んでいたことに加え、担当スカウトは慶大ＯＢ。スタートの時点で、かなり有利な状況に立てていました。

ところがドラフトが近づくにつれて、段々雲行きが怪しくなります。私も東京六大学秋のリーグ戦のときは神宮球場に出向いて、両親や身近な人は来ていないかと常にアンテナを張り巡らせました。高橋を引き寄せるための糸口を、なんとか見つけたかったのです。

親会社からも協力を受け、93年に逆指名

制度が導入されて以来、最も熱心に動きました。使えるものは何でも使うという心意気で、総力戦の様相でした。

最後は巨人、西武と3球団に絞られましたが、土壇場でひっくり返され高橋は巨人を逆指名。これには家族の意向もかなり強く動いたという話です。巨人の提示した条件面は諸説、飛び交っていますし、何が本当かはわかりません。最後まで諦めず熱心なスカウト活動をしていた巨人に及ばなかったということでしょう。

高橋はプロではタイトルに手は届かなかったものの、打撃、守備、走力の3拍子がそろい、すべてにおいてレベルが高かった。もしもヤクルトに入っていたら、層が厚くなり、しばらくの間は、かなり強いチームになっていたはずです。

もちろん、高橋を獲り逃したヤクルトのショックは大きかった。そして慌てました。獲れるものだと想定して動いていたので、他の1位候補へのスカウト活動は、後手を踏んでしまいました。

急きょ平安高の左腕・川口知哉投手に狙いを切り替えたものの、ドラフト会議では横浜、オリックス、近鉄と競合。野村克也監督がくじを外し、敦賀気比高の三上真司投手を外れ1位で指名しました。続く2位指名で、抽選順位間違えという前代未聞の大事件が起こります。

アマチュア時代の

高橋由伸

千葉市中央区出身。小学校4年の時に少年野球チームに入団。野球はそんなに好きではなかったが、試合に出れば打てるし抑えられる。小・中学生の頃から野球の才能はずば抜けていた。6年になるとエースで4番、県大会2連覇。中学時代もポニーリーグのチームでエースで4番、全国大会2連覇。3年時の成績は26試合に出場し打率・559、17本塁打、65打点。高校は神奈川の桐蔭学園に進学。1年から3番を任され、攻守、好打の外野手として活躍。1年の夏から甲子園に出場。2年になると4番を任され2年の夏も甲子園出場。甲子園通算打率・400。高校通算30本塁打と好成績を残し、プロ注目選手となった。複数球団からスカウトされたが、慶応大学に進学。大学では1年の春からレギュラー、新人新記録の3本塁打。

3年の春は打率・512、5本塁打、18打点で三冠王。4年になると打撃はさらに磨きがかかり相手チームからおそれられた。六大学の本塁打記録も更新し、通算打率・325、23本塁打、62打点の成績を残した。日米大学代表に選ばれ日本の4番バッターとして3試合連続本塁打を打つなど大活躍。

インターコンチネンタルカップでも大学生ながら日本代表の4番バッターとして出場、決勝戦では上原浩治が先発し151連勝中のキューバに勝った。由伸は1回裏に先制のスリーランを打ち、その後も2点三塁打を打つなど優勝に貢献した。

五十嵐《いがらし》亮太《りょうた》

野村克也監督の潔さで五十嵐亮太を獲得

1997年ドラフト

1997年の2位は仙台育英高の新沼慎二捕手を指名。横浜（現DeNA）、日本ハムと3球団競合になりましたが、前代未聞の事件が起こります。

2位指名は上位のヤクルトからの順番になっていたのですが、コミッショナー事務局の担当者が間違え、下位の日本ハムから引かせてしまい、横浜が当たりくじを引きました。

ヤクルトは正しいので、やり直しもきいたはず。当然異議を申し立てたのですが、くじを外した野村克也監督はナゼか何も言わず、新沼は横浜に決まりました。

すると、野村監督の潔さが吉と出ます。外れ2位で指名したのが敬愛学園高の五十嵐亮太投手。神様がすごいプレゼントをくれました。

'87 '88 '89 '90 '91 '92 '93 '94 '95 '96 '97 '98 '00 '01 '02 '03 '04 '05 '06 '07 '08 '09 '10 '11 '12 '13 '15 '16

五十嵐は高校のときから馬力がありましたが、1年目の西都二軍キャンプで、ドラフト1位の三上真司投手に「絶対負けない」とライバル心をむき出しにしていました。それだけ気持ちが強かったのでしょう。

ドラフト前に横浜（現ＤｅＮＡ）の監督だった大矢明彦さんに会ったときに「三上はどうだ？」と聞かれて「いいカーブを投げるし、真っすぐもキレがいい。そこまでスピードは出ていませんが、身体が大きくなれば１４０キロは軽く超えて、もっといい投手になりますよ」と話した覚えがあります。

しかし、食が細くて、体が大きくならなかった。かつては、王貞治さんに７５６号本塁打を打たれたことで有名な鈴木康二朗さんはビールを飲むと食事をすることできるので、寮で認めてもらっていたと聞いたことがありました。そこで「三上もビールを飲みながら食べたらダメですか？」と寮にお願いしたことがありましたが、ダメでした。

奥歯でしっかり噛む力がない人は、あごが細くなる。あまり食べられない選手は、プロでは大成することができません。投げるときには1トン以上の力が奥歯にかかると言われます。だからプロに入ったときに歯を治す投手もいます。

野球選手は練習するだけではなく、食べることも仕事です。

アマチュア時代の

五十嵐亮太

北海道夕張市出身。小学校1年から少年野球チームに入り野球を始めた。小学校4年の時、千葉に転校し軟式野球チームの柏井ジャガースに入団。中学は硬式野球チーム千葉北リトルシニアに所属し、ポジションは一塁手。肩はめっぽう強かったがコントロールが悪く他のポジションは守らせてもらえなかった。

五十嵐の肩を見込んだ千葉県敬愛学園高校の古橋監督から敬愛学園高校への進学を進められ入学した。

高校に入って初めてピッチャーをやるようになり、まず身体づくりから始めた。ピッチャーとしての練習を始めると、腕の振りの速さに天性のものがあり、球速はどんどん伸びていった。肘の使い方も良く、手元でボールが伸びるようにもなった。3年になると、千葉県NO1の剛腕投手といわれるようになった。3年夏の千葉県予選で五十嵐は、稲毛高を相手に12奪三振の完封で勝った。ほとんどの打者が球威に押されて詰まった。2回戦の相手は強豪習志野。誰もが習志野が有利と思っていたが五十嵐が投げ勝った。4回戦の東京学館総合技術高校戦で五十嵐は9回2死までノーヒットに抑えていたが、与えた得点は2点。コントロールの悪さが出た試合だった。

5回戦の県立船橋高校戦に敗れ甲子園への夢は断たれた。粗削りなピッチングが目立ったが、プロのスカウト達は将来の伸びしろがあり、高い潜在能力があると判断した。ドラフト候補としても高く評価していた。

1998年ドラフト

松坂大輔《まつざかだいすけ》

親会社が後押しも松坂大輔を強行指名できず

1998年のドラフトは横浜高で春夏甲子園を制覇した松坂大輔投手の担当でした。どこの球団のスカウトも、夏の甲子園は基本的に初戦しか見ません。ところが松坂の時は球団から「甲子園に残って、松坂が負けるまで見ていろ」と指示されました。こんなことは、私の30年のスカウト生活でこの時だけです。他に同じようなケースはヤクルトでは聞いたことがありません。

もちろん夏の決勝を見たのは、松坂の時が最初で最後。「細かいところまでチェックしておけ」ということでしたが、松坂はまさに「怪物」。横浜高は全国で練習試合を行いましたが、私はそこにもすべて足を運びました。

しかし、ドラフト前に松坂本人と両親に新橋のホテルで会った時のこと。松坂の父親にあいさつしても反応がよくありません。それで「松坂はヤクルトに来る気はないんだな」と直感しました。松坂の意中の球団は横浜（現ＤｅＮＡ）と噂されていました。

横浜の担当スカウトは横浜高の練習や試合に熱心に通っていたそうですが、私は横浜に比べると回数が少なかったことが影響したのではないかと、関係者から聞きました。

逆指名制度でも、高校生は以前と同じ抽選でしたが、ヤクルトはダメもとで強行指名するようなことはしません。親会社の幹部から「何があっても、獲りたい選手を指名しなければダメだ。いいと思う人を推薦しなさい」と今までにないほど応援されましたが、最終的に松坂は総合的な判断で回避。横浜、日本ハムとの競合の末、意中ではなかった西武が交渉権を獲得し、入団しました。

ヤクルトは愛工大名電高の右腕・石堂克利投手を単独で指名。ドラフト前のスカウト会議で担当者が球団の上層部に「今は松坂と差がありますけど、将来抜くことはありませんが、いいところまでいきますから。石堂で大丈夫です」と説明したのですが、これには驚きました。

普通は嘘でも「４年後は松坂よりもすごい投手になっています。それぐらいの逸材です」と言うものです。それだけ松坂のレベルが高すぎたということでしょう。

アマチュア時代の

松坂大輔

東京都江東区出身。小学3年で江東区の東陽フェニックスに入団し野球を始めた。江東区出身で少年野球チーム「辰巳」のエースだった小谷野は、「東陽フェニックス」のエース松坂と投げ合って敗れた。

2人は「江戸川南シニア」でチームメイトとなり、松坂がエースになり小谷野は内野手に転向した。走ること、練習することがあまり好きではない松坂だったが中学時代は、勝負強さを発揮し関東大会で2度優勝している。ただし、監督の酷使を避けるという判断のもと完投することなく途中交代し、決勝戦では投げていない。

横浜高校に進学すると順調に成長し2年生でエースとなった。

しかし、松坂の練習嫌いは高校になっても続いていた。

2年の夏、横浜高校は順調に勝ち進み、準決勝の相手は横浜商業高校。

2対1と1点リードで迎えた9回裏の横浜商業高校の攻撃、松坂が連打をあびて同点に追いつかれる。なおも一死、三塁のピンチ。スクイズを警戒して投げたボールが大きく外れてサヨナラ暴投。

「3年生に申し訳ないことをした。先輩達の夏はもうない」と泣き崩れる松坂。ここから松坂は変わった。

必死に練習に励んだ。猛練習を重ね、3年になると150キロ超の球速とキレのあるスライダーを身に付け、超高校級の投手として注目され始めた。

松坂最上級生時の横浜高校の無敗伝説はここから始まった。

公式戦44戦無敗
（2020年現在この記録は横浜高校だけ）

秋・神奈川（9戦9勝）
秋・関東（3戦3勝）
神宮大会（3戦3勝）
春・選抜（5戦5勝）
春・神奈川（5戦5勝）
春・関東（4戦4勝）
夏・神奈川（6戦6勝）
夏・全国（6戦6勝）
全国国体（3戦3勝）

　3年夏の甲子園大会、準々決勝で延長17回、約250球を1人で投げ抜いた。

　準決勝では0対6からの大逆転。8回表が終わって0対6とリードされ追い詰められていた。8回裏に4点を返し4対6。ここで松坂が登板し1イニングを無失点に抑えた。9回裏に3点を取って横浜高校は奇跡の逆転劇を演じた。

　決勝では松坂が59年ぶりのノーヒットノーランを達成し優勝した。

　その後行われた、アジア野球選手権大会でも決勝に登板し優勝した。

　松坂は平成の怪物と言われるようになり、この段階で、プロ全球団がドラフト1位の評価を下している。

［投手成績］
登板59
防御率1・12
完投34、完封13
40勝1敗
379回423奪三振、
奪三振率10・04

［甲子園通算］
登板11
防御率0・78
完投10、完封6
11勝0敗
99回、奪三振97

［主な松坂世代の選手達］
藤川球児、杉内俊哉、和田毅、館山昌平、新垣渚、木佐貫洋、永川勝浩、久保裕也、久保田智之、加藤大輔、村田修一、東出輝裕、小谷野栄一、渡辺直人、梵英心、森本稀哲、赤田将吾、矢野謙次

赤星憲広《あかほしのりひろ》

赤星憲広はチーム事情で獲得を見送った

２０００年ドラフト

２０００年のドラフトは1位で立命館大の平本学投手、2位で早大の鎌田祐哉投手を逆指名で獲得。この年のドラフトで阪神に4位指名されたのがＪＲ東日本の赤星憲広外野手でした。

足が速いだけで、打撃はサッパリと球団の評価が低かったのを、阪神時代の野村克也監督が「一打サヨナラのピンチランナーで使う」と4位で指名した裏話が知られていますが、ヤクルトも獲得できる可能性がありました。

赤星は亜大からＪＲ東日本に進んだのですが、ドラフト前に亜大で先輩の宮本賢治スカウトが「いいのがいるんですけど、何とかならないですかね。下の方で獲れるので」と聞いてきました。

シドニー五輪にも出場し、私もＪＲ東日本

の試合や練習は見ていました。しかし当時のヤクルトには1番・センターで真中満外野手がいました。飯田哲也外野手からレギュラーを奪い、一番いい時です。飯田が試合に出られなかったほどで、同じような俊足の外野手も多くいました。

チーム事情から獲得を見送りましたが、阪神では野村さんが2番・センターで起用し、2001年にセ・リーグの新人王を獲得しました。もしも赤星を獲得しても、ヤクルトでは出番はなかったかもしれません。野球選手は、そういった運も大切です。

3年後にもうひとり「獲っておけば」という選手がいました。西武に2003年ドラフト7位指名された佐藤隆彦捕手です。のちに北京五輪に出場したことで有名なG・G・佐藤外野手です。

法大を卒業後、フィリーズのマイナーリーグでプレーをしていたのですが、私は別の球団職員に頼まれて、二軍の戸田球場でテストを受けさせました。バッティングは桁外れのパワーで、すごいものがありました。

若松勉監督に「獲りましょうよ」と進言したのですが、キャッチャーとしては膝や股関節が硬く、低く構えることができませんでした。結果、獲得を見送ることになりました。その後、西武のテストを受けに行くと、伊東勤監督が一発でOKを出したそうです。

アマチュア時代の

赤星憲広

愛知県刈谷市出身。子どもの頃からスポーツ少年で、足が速く運動神経が抜群だった。

小学生の時、父の影響で野球を始めた。

中学時代は軟式野球部に所属、2年まで内野手で3年の時はピッチャー。高校は大府高校に進学し入学と同時に左バッターに転向した。俊足好打の中心選手として2度の甲子園出場を果たしたが、甲子園ではいい思い出はない。

2年のセンバツでは、セカンドで出場しタイムリーエラー。3年のセンバツではショートで出場し、初回、一塁に悪送球で先制され、そのまま負け。卒業時にはドラフト候補だったが、身体が小さかったため指名されなかった。

誘われて亜細亜大学に進み野球を続けた。同時に教員免許も取得した。

大学では1年の秋から内野手として試合に出場、2年の春に外野手に転向した。4年の秋には1番センターで活躍し、明治神宮大会で優勝した。大学時代の1部リーグでの通算成績は、78試合出場、219打数61安打、打率.279、3本塁打、27打点。ベストナイン3回、通算45盗塁。卒業時にはプロ注目の選手となったが、指名されなかった。

卒業後は、JR東日本に入社し野球を続けた。社会人になってから2000年シドニーオリンピックの強化指定選手に選ばれ、阪神タイガースのキャンプに参加した。この時、野村克也監督から高い評価を受けた。そしてシドニーオリンピック日本代表にも選出された。

石《いし》川《かわ》雅《まさ》規《のり》

苦戦した逆指名を巡る石川雅規の争奪戦

2001年ドラフト

「マネーゲームはしない」という方針を掲げ、1993年から2007年までの逆指名制度では苦戦しましたが、その中で唯一大争奪戦を制したのが、2001年自由枠の青学大・石川雅規投手でした。

身長は167センチと低い。投手は背が高く、腕が長く、マウンドから投げ下ろすタイプが有利なので、身長170センチそこそこの投手は、敬遠されます。特に当時はそういった傾向が強くありました。

しかし、左投手となると話は別です。右に比べれば通用します。石川は大学時代からコントロールがよく、試合を作る能力に長けていました。

小さな体で2019年までに171勝を挙げています。19年目となる2020年は、球団最年長となる40歳で開幕投手に起用され好投しました。ローテーション投手としても期待されていますが、入団時は争奪戦になりました。

実はこのとき、石川の連絡待ちで、もしも獲得できなかった時に備えて、私は宮崎に飛び、日南学園の寺原隼人投手のところへ行きました。

寺原は各球団スカウトのスピードガンで150キロ台を連発し、夏の甲子園を沸かせました。しかし疲れてくると、初速と終速の開きが他の投手よりもあるところが気になりました。

高校生は抽選でしたが、「ヤクルトが指名したときに来てくれますか?」と確証を得ておかなければいけません。実際にこの前年はオリックスに指名された敦賀気比高の内海哲也投手が入団を拒否しました。

1998年にはオリックスに指名された沖縄水産高の新垣渚投手が入団拒否しています。

寺原には意中の球団があり、そこにヤクルトが割り込んだ形だったので、日南学園の監督に「寺原を下さい」と頼まなければならなかったのです。

結局、明確な返事をもらう前に、ヤクルトは石川から逆指名を取り付けることに成功しました。寺原を指名することはありませんでしたが、紆余曲折あり、2019年にヤクルトへ入団し、1年だけプレーしました。

アマチュア時代の

石川雅規

秋田市出身。小学1年から野球を始めた。体は小さかったが野球が好きで小学校も中学校も軟式野球をしていた。高校は秋田商業高校に進学し、軟式野球をやるつもりだったが、硬式なら甲子園を目指せると思い硬式野球にした。入学時の身長は160センチで体重は52キロ。小さくて、細くて、球速も120キロ弱で高校時代は挫折の連続。練習についていくのが精一杯、2年の夏が終わってもらった背番号は11番だった。負けず嫌いの石川はエースになって甲子園に出ようと走り込んだ。冬でも毎日走り込んだ。

石川は指先の感覚が鋭くコントロールは抜群にいい。秋田商業高校には多くのエース候補がいたがコントロールは石川が抜群によかった。努力のかいあって3年夏にはエースとなり、甲子園出場を決めた。1回戦で浜田高校と対戦し和田毅と投げ合い勝利投手となった。

大学は青山学院大学へ進学し野球を続けた。シンカーを習得し、キレのいいストレート、カーブ、スライダーを交えた投球術で打者を翻弄した。そしてエースとなり大活躍した。

1999年の明治神宮大会の創価大学戦では延長18回を完投し小さな大投手と言われるようになった。3年生でシドニーオリンピックに出場。大学時代の通算成績は、51試合23勝8敗、防御率1・63、284奪三振。最高殊勲選手1回、最優秀投手3回、ベストナインに3回選出され、ヤクルトも参戦するドラフト逆指名候補になった。

高井雄平《たかいゆうへい》
雄平の両親からうれしい言葉
2002年ドラフト

今は外野手として活躍している雄平は、東北高で超高校級の左腕投手でした。2002年のドラフト会議で1巡目指名し、近鉄との競合の末、若松勉監督がくじを引き当てました。若松監督が入団会見前の会食で初めて会ったとき、雄平にマフラーをプレゼントして、みんな驚きました。若松さんはそういうことをするタイプではないので、余程期待していたのだと思います。

1年目から5勝も、その後は伸び悩み、8年目の10年に高田繁監督が打者に転向させました。高校時代から打撃もよく、足も速く、野手としての評価も高かったのですが、担当スカウトだった私は、最後の最後まで「投手で勝負させてほしい」と反対しました。最下位になった2007年には52試合に投げ、3勝6敗1セーブ、12ホールドと中継ぎで好投しており、まだやれると思ったのです。投手を続けていたらもう引退していたかもしれません。結果的に打者転向は成功でした。ご両親は二人とも学校の先生です。スカウト活動中は1カ月に2度ほど会っていました。スカウトドラフトの目玉ということで、いろいろと怪しい動きをしてくるところもあったのでしょう。「もうスカウトの方は、鳥原さんしか信用できないようになりました」と言ってもらえたときは、うれしかったですね。スカウトは「親代わり」で「兄貴」にもなり、一生面倒を見るくらいの覚悟でなければいけません。九州担当スカウトの時代には、熊本工高の前田智徳（1989年広島ドラフト4位）の父親とも何度も会ったものです。

家に行くとお父さんがあげてくれて、食事をしながら「うちの息子はどうですかね」と聞いてきました。「ヤクルトは僕の力がなくて押し切れないかもしれませんが、ドラフトには必ずかかりますから心配しないでください」と答えたことを覚えています。

最近はこうしたスカウト活動は難しくなりましたが、やはりどんなご両親なのかは見ておきたい。特に、できればお母さんを見たい。息子は母親の体型に似てくるので、お母さんがガッチリした体格をしていると大きくなるのです。近年は応援に来ているご両親がどこにいるかを探して、話はできなくてもチェックはしていました。

アマチュア時代の

高井雄平

神奈川県川崎市出身。兄の影響で小学1年から地元のチームで野球を始めた。肩が強く球が速かったのでピッチャーとして活躍した。

中学は硬式野球チームの緑東シニアに入団。中学でもエースで４番として活躍し全国大会で準優勝した。中学３年時には全国の高校野球関係者からスカウトを受けたが、雄平が選んだのは東北高校。

東北高校に進学した雄平は、大きい目標とその日の目標を立てた。大きな目標はプロになること。その日の目標はトレーニングと技術の目標を立てた。大きな目標を達成する為に今日は何をするのか、を考えてやった。基本を身につけるには練習量が必要。そして、それをこなせる体力。基本の積み重ねができるようにトレーニングと走り込みを大事にした。とにかくスタミナ勝負だと思って毎朝5時半から走った。これらの努力により1年からエースとなった。春の東北大会では１４０キロのストレートを中心に組み立て、強豪の仙台育英高校を完封した。秋の大会は公式戦8試合で60回を投げ、58個の三振を奪った。東北大会で優勝し春のセンバツ出場を決めた。甲子園ではエースとして出場したが1回戦で、関西創価高校の野間口との投げ合いで敗れた。

３年になるとストレートは最速で１５０キロ超にまで伸び、打っては高校通算36本塁打。3年時には甲子園に出場できなかったが、高校ＮＯ1左腕投手と評価され、ドラフト1位候補となった。

青木宣親《あおきのりちか》

２００３年ドラフト

青木宣親が大化け、4位以降がスカウトの腕のみせどころ

２００３年にドラフト４巡目で獲得した早大の青木宣親外野手は、当初は西武が熱心でした。西武は堤義明オーナーが早大出身だったのですが、当時は母校の選手がまったくいませんでした。そこで青木獲りに動いたと聞いています。その年の早大からは野手４人がドラフトで指名されました。評価は鳥谷敬内野手（阪神自由枠）が飛び抜けていて、話題性もありました。青木もいい打者でしたが、そこまで目立ってはいませんでした。４巡目に入るまでに西武から声はかからず。ウェーバー順で先に指名権があり、ヤクルトが手を挙げました。私たちスカウトにとって、ドラフトは４巡目以降が勝負です。どれだけ〝遊び心〟で選手が取れるか、腕の見せどころ。「この選手は化けるんじゃないか」と思い

切った指名をすることができます。ただ、チームが弱くなると余裕がなくなり、遊び心のある指名ができなくなります。前年度最下位にでもなったら、すぐ使えそうな選手ばかりそろえないといけないムードになってしまいます。

ちなみに、この年に私が担当したのは遊び心が許されない自由枠。八戸大（現八戸学院大）川島亮投手でした。実は先にロッテの逆指名で決まりかけていたのですが、5月に右肩を故障。フォームもおかしくなり、投げられなくなってきました。すると、ロッテが手を引いてくれたのです。

だんだん状態が戻ってきたのを確認した私は、スカウト部長を連れだって何度も見てもらいました。ところが、「（八戸大の）監督に〝行きます〟と電話していいですか？」と聞いても、なかなかOKを出してくれません。たまりかねて夏場のある試合後、仙台駅で部長が切符を買っている間に電話をしてしまいました。

川島は1年目から10勝で新人王を獲得。翌年は青木が202安打を打ち新人王。02年の石川雅規投手から4年で3度の受賞となり、球団上層部から「なんでこんなに新人王が毎年獲れるんだ。すごいよ。ありがとう」と褒められました。ところが、弱くなると同じ人たちに「どうなってんだ」と言われてしまいます。こういうことも、選手が活躍した喜びがあるので我慢できます。

アマチュア時代の

青木宣親

宮崎県日向市出身。小学入学後スポーツ少年団の一員となり野球を始めた。6年時には投手として県大会優勝。

中学は地元の富島中で軟式野球部に所属。チームは強くなく上位進出はできなかった。青木は俊足、好打の選手だったが、身体は小さく、すごい選手ということもなかった。肩は強く、球も速くピッチャーもやっていたが県内外の強豪校から勧誘されるような選手ではなかった。

高校は県立日向高校に進学。高校では2年の時からエースとなり、3年の春、宮崎県大会で優勝した。九州大会では、2回戦で東海大五高にサヨナラ負け。夏の宮崎県予選では準々決勝で鵬翔高に敗れ甲子園への夢は断たれた。

大学は学業も優秀だったので、指定校推薦で早稲田大学に進学。大学では野手に転向。同期には鳥谷敬の他にも優秀な選手がいて、後に6人がプロ入りした強力打線「1番田中、2番青木、3番鳥谷、4番比嘉、5番武内、6番由田」でチャンスメーカーとして活躍し、早稲田大学史上初のリーグ戦4連覇に貢献した。3年春の東大1回戦では5打数5安打5打点1四球の活躍で、1試合6得点という六大学記録を達成した。同年の秋季リーグ戦では、打率・436で首位打者を獲得した。ベストナインを3回、通算58試合出場、190打数63安打、打率・332、20打点。

鳥谷を視察に来たヤクルトのスカウト陣が足の速い青木を気に入り、一躍ドラフト指名候補となった。

野村克也さん

2020年2月11日に野村克也さんが急逝されました。

私は息子の野村克則（2020年現在楽天作戦コーチ）がプロに入ったときの担当スカウトです。連絡をすると「顔を見てあげてください」と言われたので、ご自宅を弔問してお線香をあげさせてもらいました。寝ているような、本当に穏やかな顔をされていました。ヤクルトから高津臣吾監督、池山隆寛二軍監督ら多くの教え子が最期のお別れをしたそうですが、スカウトで弔問したのは私だけだったそうです。

野村さんとの出会いは衝撃的でした。私がプロ入りして数年後の米ユマキャンプ中、当時は野球評論家だった野村さんが講演にやってきて、いの一番に「鳥原はクセがバレているぞ」と話し始めたのです。

当時の投手コーチは「何を言ってるんだ！　そんな話は聞かなくていい」と一蹴しましたが、持ってきていた試合のビデオでチェックすると野村さんの指摘通り。腹の前でノーワインドアップの構えをしたときに、グラブに入れた右手首の角度が真っすぐとカーブではまったく違いました。

他にもクセを指摘された投手が3人ほどおり、前出の投手コーチも「当たってたな」と脱帽。野村さんのクセを見破る眼力は有名でしたが、私はそれまで誰にも言われたことはありませんでした。

それから数年後、32歳で現役を引退してスカウト2年目。野村さんがヤクルトの監督に就任して再会となったのですが、実は現役復帰を打診されました。私はサイドスローだったので、〝再生工場〟で短いイニングなら通用すると思ったのかもしれません。結局、フロントからOKが出ず話は流れましたが、野村さんの下で一度、野球をやってみたかったという思いはあります。

野村さんは1998年にヤクルトの監督を退任することになりました。1992年から1997年までの6年間で4度もリーグ優勝。強すぎて「またヤクルトが優勝か」と飽きられて、お客さんが入らなくなってきて、球団が監督交代に動いたという話を聞いたことがあります。

監督としてはナンバーワン。ミーティング、選手起用や作戦は誰もが「これで負けたらしようがない」と思えるほどでした。選手としてもトップクラスで、もうこんなすごい野球人は出てこないでしょう。

甘いものが大好きで、西都キャンプの時に私が宮崎で有名などら焼きを持っていくと大喜び。マネージャーから「また持ってきてくれ」、「金は払うから、早くしてくれ」と催促されたほどです。

野村さんはヤクルト監督に就任する際に大病をしていたので「サッチーから甘いものを食べすぎないように言われているんだ」とボヤきながらも、球場の食堂に置いてあった、どら焼きを、いつも隠れてジャンパーのポケットに入れて、宿舎に戻っていました。

克則のプロ入りは25年も前ですが、弔問のときには「担当スカウトは親も同然ですから」と、うれしい言葉をかけてくれました。ヤクルトや楽天ばかりか、多くの球団に野村さんの野球は脈々と受け継がれています。

「日本一になって、父の遺影を胴上げしたい」と話していましたが、ぜひ夢の実現に向けて頑張ってもらいたいです。

１９５７年、初の本塁打王（30本）。１９６２年、パリーグ新記録となる44本塁打を達成。１９６５年、戦後初の三冠王を達成。（打率・３２０、打点１１０、本塁打42）１９６１年〜１９６８年　８年連続本塁打王。１９７０年、プレイングマネージャーとして南海の監督に就任。１９７３年、監督としてリーグ初優勝。日本シリーズでは敗れ、巨人にＶ９を許す。監督兼任で打率・３０９、28本塁打、96打点の成績を記録しＭＶＰに選ばれる。１９７５年、６００号本塁打を記録。１９７６年までに捕手としてベストナインを19回受賞。１９７８年、選手として金田ロッテに移籍。１９７９年、選手として西武に移籍。１９８０年、現役引退。通算６５７本塁打、１９８８打点。１９９０年、ヤクルトスワローズの監督に就任。１９９２年、セリーグ優勝。１９９３年、セリーグ2連覇。日本シリーズでも勝って日本一、監督としても初の日本一。監督としてヤクルトで3度の日本一も達成。１９９８年、ヤクルトスワローズの監督を退任。１９９９年、阪神タイガース、２００６年、楽天イーグルスの監督に就任。

第2章

現役時代

プロ初アウトは王貞治さんから

　ここからは少し、私の現役時代の話をしたいと思います。私のプロ初登板は1978年6月8日。神宮球場の巨人戦でした。

　1対8でリードされた9回。先頭打者の柴田勲さんにヒットを打たれ、高田繁さんには死球と判定されました。

　しかし、この投球は高田さんに当たっていません。内角の厳しいところに投げたのですが、高田さんが避けた時に、バットが顔に当たり、血が出たのです。それを球審が「死球」と判定しました。

　私は捕手の大矢明彦さんに「当たってませんよ」と訴えたのですが、試合はほぼ決していて、そこで抗議をしても、1度下した判定が覆るわけではありません。

　大矢さんも「血が出てるからいいだろ」と抗議することはなく、ノーアウト一、二塁で憧れの王貞治さんを迎えました。

　王さんに本塁打世界記録の756号を打たれた鈴木康二朗さんが「王さんはバッターボックスに立つと、目がこれぐらいに見えるよ」と、拳ぐらいの大きさを例えて、アドバイスしてくれました。

「そんな大げさな」と思ってマウンドに上がったのですが、実際にバッターボックスに王さんが入ると、鈴木さんの言うとおりでした。

王さんの目は本当にそれぐらい大きく見えました。みんなあの目に、圧倒されてしまうのだと思います。

マウンドに行く前のベンチで、堀内庄投手コーチに「いいか、３人目に王に回るから、初球は絶対に外の真っすぐでストライクを取れ」と指示されました。

その通り初球を投じたのですが、わずかに外れてボール。

これで、どうすればいいか、わからなくなってしまいました。

異変を感じ取ったファーストの大杉勝男さんが、守備位置からマウンドまで来てくれたのですが、私は「どうしようもないですね」と吐き捨ててしまいました。

そして王さんに「カーン」とセンター方向へ弾き返されました。５万４０００人で満員の神宮球場に大歓声があがりました。

「ホームランだ」と恐る恐る打球の方向を振り向くと、センターの山下慶徳さんがキャッチ。センターフライで、プロ初アウトは、なんと王さんからでした。

４番の張本勲さんはベンチに退き、守備固めで入っていた上田武司さんにも四球。一死満塁になりましたが、柳田真宏さん、シピンの守備固めで入っていた大北敏博を打ち取り、プロ初登板は０点に抑えることができました。

　ベンチに戻ると大杉さんが、広岡達朗監督やコーチ陣に「鳥原というのは面白いヤツですよ。『どうしようもないですね』なんて言うプロ初登板のピッチャーは初めてだ」と伝え、笑われたのが印象に残っています。これも０点に抑えることができたからこそでしょう。

　当時は野球といえば巨人という時代でした。私の地元宮崎は巨人のキャンプが開催されているため、巨人人気は高く、もちろん私も大ファンでした。

　特に長嶋茂雄さんが好きで、巨人に入りたいと思っていました。

　だからヤクルトのことはあまり知りませんでした。入団して「こんなに凄い選手がたくさんいるんだ」と知ったぐらいです。

　現在のキャンプは青島のサンマリンスタジアムで行われていますが、当時は宮崎駅の近くにある球場で、阪神ファンの父と、兄と一緒に毎年、何度も見に行っていました。

　王さんとの対決は、それ１度きりです。「やった！」という達成感は物凄かったですが、今考えると「ホームランを打たれておいた方が記念になったのかな」という思いもあり、複雑な気がします。

宮崎商業から東洋紡岩国に入社

私は小学校5年ぐらいから野球をやっていましたが、本格的に始めたのは中学生から。3歳上の兄・宏之の影響でした。兄は宮崎で進学校の泉ヶ丘高校から専修大に進み、肩を壊して1年で野球を辞めてしまいましたが、地元の新聞では「鳥原また完封」と大きく取り上げられていたほど。宮崎では有名だったので、その弟ということで、私も知られていました。

国富町の本庄中学2、3年で県大会に進みましたが、2年の時は初戦を突破することができた。宮崎では市内の学校が強く、2回戦に進んだのは学校史上初でした。

高校は宮崎商業に進学。甲子園には夏は4回、春は2回出場。私がヤクルトでスカウトになっていた2008年にはヤクルトにドラフト1位で入団する赤川克紀を擁し、39年ぶりに甲子園出場を果たしました。

宮崎商は昭和50年代の広島黄金時代をヘッドコーチとして支えた寺岡孝さんがプロ野球選手第一号。日本ハム時代に1試合で全ポジションを守ったことで知られる高橋博士さん。近鉄で1634安打を打った小川亨さん。広島で首位打者、阪急で打点王を獲得した水谷実雄さんら、多くのプロ野球選手を輩出している強豪高です。私が中学3年の時に、のちにヤクルトで同僚になった西井哲夫さんがエースで甲子園に出場しました。私は3年間で甲子園に出場することはできませんでしたが、2年生の時は惜しかった。春の選抜は補欠高。その後はずっと勝っていたのに、夏は宮崎実業（現・日章学園）に負けてしまいました。

高校卒業後に野球を続けるつもりで、熊本の電電九州（現・NTTグループ九州クラブ）へセレクションを受けに行きましたが、「大学生のアンダースローのピッチャーが入るので、バッターで獲りたい」と言われました。4番を打っていて、バッティングも好きでしたが、ピッチャーをやりたかったので、3日間の予定も2日で帰ってしまいました。

その後、東洋紡岩国の人が、私のピッチングを見てくれていた縁で、入社試験を受けることになりました。ところが、試験はムチャクチャ難しかった。私は獲る気があるなら大丈夫だろうと思い、あえて白紙で出しました。すぐに高校に連絡があり「難しすぎたので、あきらめました」と答えたのですが「白紙はないだろ」とかなり怒られました。しかし試験は合格。中央大学からも話がありましたが、社会人の方がいいと思い、東洋紡岩国に入社しました。

ヤクルトからまさかのドラフト指名

東洋紡岩国では1年目から中継ぎでバンバン投げて、抑えていた。ところが日生球場で行われた大阪大会の松下電器（現パナソニック）戦で一転してしまいます。

相手先発は、のちに阪急（現オリックス）で活躍し、伝説の投手として語り継がれている山口高志さん。前年にヤクルトの4位指名を拒否し松下電器に入り、デビュー戦とあって、多くのスカウトや新聞記者が駆けつけていました。

あの当時で150キロを超える剛速球。捕手は1976年ドラフト5位でヤクルトに入団する高橋寛さん。キャッチングの上手い選手で、「パチーン、パチーン」と金属音が出ているようでした。

東洋紡岩国は1972年に南海ホークス（現ソフトバンク）からドラフト1位指名されるも、肘を壊していて入団しなかった石川勝正さんが先発。味方がポテンヒットで山口さんから得点。リードした場面で、私がマウンドに上がりました。

しかし、メッタ打ちされてしまい、1アウトも取れずに7失点。それ以来、使ってもらえなくなりました。さらに急性肝炎にかかってしまい入院。しかも、療養は1年半に及んでしまいました。

医者からは「もう野球は無理です」と診断されたほど。それでも私は「死んでもいいから、野球を続けたい」と食い下がりました。

東洋紡岩国から「やっと治ったけど、病院は『運動はダメだから、野球は続けられない』と言っていますけど」と聞かれた父親が「本人が死んでもいいと言っているんだから、続けさせてあげてください」と頼み、現役続行が決まりました。

復帰した時には社会人3年目。その年のシーズン終盤に、監督から「今年で終わりだ」と〝戦力外通告〟されます。私は「しょうがないな」と思い、投手コーチに報告すると「そんな話は聞いてないぞ。ちょっと待ってろ」と驚かれ、結局監督の方がチームを去り、私は現役を続行となりました。

それまでは事務部労務課給与係という部署で、従業員の給与計算をしていた。商業高校出ならできると思われたようですが、お金の管理をするわけですから精神的にもキツい。監督がこれでは野球できる環境ではないと、その後は東洋紡の社宅の管理などの厚生係に代えてくれました。

当時の中国地区は好投手揃い。巨人に入った角三男（三菱重工三原）、塩月勝義さん（協和発酵）、ロッテに1位で入団した田中由郎（三菱重工三原）らがいて、都市対抗や日本選手権に出場することはできませんでした。

東洋紡岩国は私が４年目に、野球部を解散。監督から「クラブチームを作るから、そこで投げろ。1年やったら、阪急ブレーブス（現オリックス・バファローズ）のテストを受けさせてもらうから」と誘われました。

ところが、解散したとたん、社会人から7チーム。さらにヤクルトと広島のスカウトも来ました。しかしドラフトでは指名されず。関東で野球をやりたいと思い、日立製作所にお世話になることに決めました。

東洋紡岩国で最初は29番。これには宮崎商の監督から「25人しか選手がいないのに、なんで29番なんだ?」と言われましたが、日立は18番をくれました。

日立では都市対抗出場も果たし、私は登録メンバー入りしましたが、後楽園球場の本戦で４人投げたのに、私だけ出番がなかった。日本選手権も先発の機会はなく「もう辞めて、宮崎に帰ろう」と思いながらも、練習を続け、ある日外野を走っていると、監督が「おい、鳥原!」と呼んでいます。

てっきり怒られるものだと思い、外野を守っていた和泉貴樹（２０２０年現在日大国際関係学部監督）に「最近何かしたかな?」と聞いたほどでしたが、門限破りや、ルール違反するようなことをやった覚えはありません。

すると「ヤクルトおじさんで来いと言って

るけど、どうするんだ?」と第一声、何を言っているのかわからず、私がキョトンとしていると「ヤクルトがドラフトで指名したんだよ」と明かされました。

事前にスカウトからのあいさつもなく、ドラフトなんて、頭の片隅にもありませんでした。むしろ、ドラフト候補だったのはチームメイトの2投手の方。そちらは指名がなく、私だけドラフトにかかりました。

私は都市対抗の予選でノーヒットノーランをやったこともあり、そんなに悪いピッチングはしていなかった。前年に指名を検討してくれたたヤクルトが、引き続き見てくれていたのだと思います。

社会人は何年かプレーして、会社に恩返ししなければいけないというのが礼儀です。

私は日立では1年しかプレーしていませんでした。「日立に骨を埋めるつもりで来ているんで、頑張ります」と監督には答えましたが、すぐにヤクルトから指名を伝える電話があり「行きたい気持ちはあります」と即答していましたね。

それからが大変でした。日立の監督から残留引き留めの要請がありました。しかし、プロに行きたかったので、マネージャーにも相談し、何とか監督を説得してもらいました。何度もお願いして、やっと会社からの承諾を得ることができました。これで、円満退職して晴れてヤクルトの一員になることができました。

1年目に日本一

１９７８年のヤクルトは、球団創設29年目で初優勝した年。初めてアメリカのアリゾナ州ユマでキャンプを行いました。まずは静岡の伊東で国内キャンプを行い、２月17日から1か月のユマキャンプ（アメリカ・アリゾナ州）でしたが、私は風邪を引いて体調が悪いことを正直に告げると、連れていってもらえませんでした。他にも風邪にかかった選手が何人もいたのですが、みんな隠していた。正直に話して、失敗しました。

神宮で練習を続け、チームが帰国後は、二軍の練習ではなく、打撃投手として一軍の練習で、バッターに投げる日々が1カ月ほど続いていました。

若松勉さん、大杉勝男さん、船田和英さん、大矢明彦さん、杉浦亨さん、チャーリー・マニエル、デーブ・ヒルトン…。日本一になった年ですから、強打者揃いでした。

私が投げるバッターは若手や、一軍当落線上のような選手でしたが、それでも打球は凄かった。「場違いなところに来てしまった。どうしよう」というのが本音でした。

ところがある日、森昌彦（現・祇晶）ヘッドコーチに呼ばれ「おまえは誰だ？」と聞かれました。ユマキャンプに行っていなかったので、ルーキーの私を知らないのは無理もありません。

すぐに翌日から二軍に合流することになり、川崎球場のイースタン・リーグ、ロッテ戦で先発。２試合に投げただけで、一軍に昇格しました。

日本一チームはバッターはもちろん、ピッチャーも凄かった。エースの松岡弘さん、技巧派左腕の安田猛さん、梶間健一さん、前年の１９７７年に王貞治さんに本塁打世界記録の７５６号を打たれた鈴木康二朗さん、井原慎一朗さん、アンダースローの会田照夫さん…。いろんなタイプのピッチャーが揃っていました。

ルーキーの私は、勝敗の決した試合の敗戦処理要員ですが、チームは好調で、負けても接戦。プロ初登板を果たしたものの、なかなか出番が回ってきません。

あるとき、広岡達朗監督に呼ばれ「今はみんな調子がいいから、使う場面がなかなかない。しっかり走っておくように」と伝えられたほどで、２度目の登板は７月４日の大洋戦（横浜スタジアム）。２対６でリードされた9回にマウンドに上がり、３者凡退に抑えましたが、中25日も空いてしまいました。

そして7月11日の大洋戦（静岡・草薙球場）で3度目の登板。3対8の8回からマウンドに上がりましたが、7、８回に3点ずつ取られ6失点。中塚正幸さん、山下大輔さんにホームランを打たれました。

大洋はその年から本拠地が横浜スタジアムに代わり、バッターは紺色のヘルメットにホームランを打った数だけ、金色の星のシールをつけるようになった。中塚さんは私から打ったホームランが1号で、その年は1本だけ。1つ星があるのと、ないのでは大違いです。会うたびに「鳥原、ありがとうな」と感謝されたものです。

その頃のヤクルトは、大洋の4番・松原誠さんによく打たれていた。登板前に森昌彦ヘッドコーチから「ぶつけるぐらいの気持ちでいけ」と指示されていましたが、攻めきれずに打たれてしまい、それが原因で二軍に落とされました。

しかし、チームの勢いは加速。日替わりヒーローが次々出て、そのまま勝ち進み、10月14日の中日戦に勝ち、神宮球場で初のリーグ優勝を決めます。

今でも一軍に昇格した選手は、胴上げとビールかけに呼ばれるのが慣例ですが、ルーキーの私も参加することができました。

それでも一軍にいたのは1カ月で、投げたのは3試合だけとあって、心中は複雑でした。現役時代にビールかけはその1回だけでしたが、輪の中に入って、先輩たちと一緒になってはしゃぐ感じではありませんでした。

そして大役を仰せつかります。〝仮想・山田久志〟です。日本シリーズの相手は3年連続リーグ日本一で無敵だった阪急ブレーブス（現オリックス・バファローズ）。エースの山田久志さんはアンダースローで、同じタイプの足立光宏さんもいた。攻略のためにサイドスローだった私に、打撃投手として白羽の矢が立ちました。

東京六大学に優先権がある神宮球場は使うことができず、日本シリーズは後楽園球場で戦いました。ところが練習で八重樫幸雄さんの打球を足に受け、それ以降は投げることができなくなってしまいました。

ヤクルトは山田さん、足立さんともに1勝1敗で、圧倒的不利な下馬評を覆し、4勝3敗で球団創設29年目にして初の日本一。その瞬間はスタンドで同僚と応援していました。

1978年ヤクルト初優勝のオーダーと成績

	選手	ポジション	本塁打	打点	打率
1	D.ヒルトン	セカンド	19	76	.317
2	船田 和英	サード	8	25	.271
3	若松 勉	センター	17	71	.341
4	大杉 勝男	ファースト	30	97	.327
5	C.マニエル	ライト	39	103	.312
6	杉浦 亨	レフト	17	67	.291
7	大矢 明彦	キャッチャー	7	44	.268
8	水谷 新太郎	ショート	1	17	.290

投手陣

選手	勝	敗	セーブ
松岡弘	16	11	2
安田猛	15	10	4
鈴木康二朗	13	3	1
井原慎一郎	10	4	4

監督：広岡達朗
ヘッドコーチ：森昌彦

緊急登板でプロ初勝利

入団3年目の1980年10月22日の広島戦（広島）で、プロ初勝利を挙げることができました。

試合は接戦で、終盤に入ると堀内庄投手コーチに呼ばれ「肩を作っておけ」と指示されたのですが、翌日の大洋戦（横浜）で先発を伝えられていた。

「明日先発じゃないんですか？」と聞くと「同点に追いついたら行くから」とブルペンに行くように伝えられ、9回表に3対3の同点になると、本当にマウンドに上がりました。

翌日の先発は高卒2年目でプロ初登板の南秀憲。2回7失点で敗戦投手になったのですが、本当に投手がいなかったのでしょう。

私の方は、先頭の高橋慶彦にヒット、正垣宏倫さん、萩原康弘さんに連続四球でいきなりノーアウト満塁。サヨナラ負けの大ピンチです。

しかし、優勝が決まった後の消化試合で、4番の山本浩二さん、5番の衣笠祥雄さん、6番の水谷実雄さんはすでにベンチに下がっていた。木本茂美、高月敏文さんを連続三振。木下富雄さんを打ち取り、大ピンチを切り抜けました。実は、満塁の場面でのカウント、ノースリーやワンスリーで、次にボール球を投げたら、押し出し四球でサヨナラ負けという場面になったのですが、球審の福井宏さんが厳しいコースを、ストライクにしてくれました。ショートの渋井敬一も正面のゴロを取るのは上手くないのに、とんでもないファインプレーをすることがあり、助けてくれた。すると、10回表に渡辺進さんがホームランを打ち、4対3で勝ち越し。10回も続投し、勝利投手になりました。

福井さんは後に四国アイランドリーグなどで審判になり、スカウトになった私は何度か顔を合わせました。そのたびに「覚えているか？ あのとき誰が勝たせてくれた？」と言われたものです。

審判もキャンプを参加し、ブルペンで判定の練習をします。福井さんはヤクルトのユマキャンプに来たことがありました。選手はあまり審判と接点はないのですが、私は休日に福井さんを、少し離れたショッピングモールまで連れて行ったことがありました。

あの場面は明らかなボール球ではなく、どちらに取ってもおかしくない球が何球かありました。それ以来「絶対審判に文句を言ってはいけない。仲良くしなければいけない」と思いました。昔の審判は、そういう人間味あふれる人が多かったものです。

抑えでプロ野球の素晴らしさを痛感

1982年は最多の21試合に登板。8月10日の巨人戦（後楽園球場）でプロ初セーブを挙げました。中継ぎで5試合を無失点に抑え、抑えを任された時期もありました。そこでプロ野球の素晴らしさを味わうことになります。

プロ野球は一軍でプレーしていても、全員が同じ待遇ではありません。活躍すると、ホテルも新幹線もグレードが変わっていきます。

ある大阪遠征のこと。新幹線のチケットを渡されたのですが、いつもの指定席ではなかった。マネージャーに確認すると「明日から移動はグリーン車だから」と告げられました。ホテルは船田和英さんと一緒。ツインの2人部屋が多かったのですが、ロビーで鍵を探しても見つからない。マネージャーに聞くと「シングルのところを見たか？」。1人部屋が割り当てられていました。

中継ぎは急な登板もあるので、試合の序盤からブルペンで待機していなければいけませんが、抑えは終盤に投げると決まっているので、出番までクラブハウスやロッカーにいてもいいのです。

ユニフォームも帽子も今までとは違い真新しいものになっていました。みんなが気を使ってくれます。

マッサージも、トレーナー室に行き順番を待っていたのが「呼ぶから部屋にいてくれ」と特別待遇になります。

それまでとは天と地の違いで「こんなに、いい世界があるんだ」と思い知ることになりました。

その年の10月6日、中日戦（ナゴヤ球場）ではプロ初先発しています。前日に堀内庄投手コーチの部屋を訪ね「明日の先発がいないと聞いているんですけど。誰も決めていないなら、行きたいんですけど」と直訴しました。

堀内さんは「その気持ちはわかった」と答えただけでしたが、翌朝に先発を告げられました。恐らく、その時点で決めていたと思いますが、先に言ったらプレッシャーがかかると思って、黙っていたようです。

中日は巨人との大デットヒートで、最終戦の130試合目に0・5ゲーム差で優勝したのですが、これが121試合目。私は1回に先制点を奪われ、2、3回は0点。4回表に2対1とリードも、その回の打席でアンダースローの三沢淳さんの球に詰まり、右手親指の付け根がしびれてしまいました。

手がダメなのに、そのままマウンドに上がると、ケン・モッカと谷沢健一さんに連続ホームランを打たれ降板。ベンチに戻ると「何ですぐ言わなかったんだ」と怒られました。

プロで82試合に登板し、先発したのはそれ一度だけです。貴重な経験になりました。

１９８４年は17試合に登板しました。大洋（現ＤｅＮＡ）との開幕３連戦。４月８日の３戦目（横浜スタジアム）で井本隆さんをリリーフし、３回に登板、その試合を含め４試合連続無失点に抑えました。

ところが、チームは４月18日の巨人戦（平和台球場）から８連敗しました。私もフル回転で、そのうち７試合に投げました。

20日の広島戦（広島市民球場）で荒木大輔が２回３失点で降板し、４回から２番手でマウンドに上がり、４回１失点、翌日は投げなかったものの、22日の広島戦から４連投で、足がつるようになってしまいました。

リリーフ投手は試合では15球ぐらいで終わっても、いつ出番が来るかわからないので、ずっとマウンドで肩を作っていなければいけません。時にはブルペンで１００球ぐらい投げることもあります。

試合に投げさせてもらえるのはうれしいですが、この時は兼任コーチの大矢明彦さんに「もう無理です」と泣きをいれたほどでした。

最後の試合で初安打と盗塁

私は珍しい記録を3つ作っています。悪い記録からいくと、広島の津田恒美投手に満塁ホームランを打たれたことです。

1984年5月13日の広島戦。長崎の試合で台風が接近していて、中止は間違いないといわれていたので、私は先輩たちと前の試合が行われていた佐世保から長崎に移動し、朝まで飲んでしまった。

ところが朝起きて、部屋のカーテンを開けたら、雨が降っていません。「これはマズいぞ」とすぐに思いました。

尾花高夫が先発も1回に3点を奪われKO。2回から宮本賢治。4回に荒木大輔が登板し、4対4に追いつき雨が降り始めた5回に、私が4番手でマウンドに上がりました。

しかし、満塁のピンチを招き、バッターは当時まだ先発だった津田です。

ライト場外へ弾丸ライナーのホームランを打たれてしまいました。台風で強風が吹いていた不運もあり、打球は風にも乗ったのですが、あんなホームランは打たれたことがないほどの凄い当たりでした。

その時点で、投手が打った満塁ホームランは2リーグ制以降（１９５０年）11人目（12本目）。つまり、打たれた投手も12人しかいないということですから、かなり珍しい記録です。

６回にも高橋慶彦にソロ本塁打を打たれ６失点。試合は６回裏の途中で雨が強くなり4対11で終了。私が敗戦投手になりました。

ちなみに投手が打った満塁ホームランは１９９９年に巨人のガルベスが阪神の吉田豊彦と横浜の川村丈夫から打ちました。２０１８年９月17日に阪神の藤浪晋太郎が、ＤｅＮＡ戦（横浜球場）で田中健二郎から打っただけで、２０２０年現在でも打たれたのは15人しかいないそうです。

その2年後の長崎の試合、１９８６年５月10日の阪神戦では、足で記録を作りました。

先発の高野光が４回６失点でＫＯされ、私が5回表から2番手で登板。５回表は０点に抑え、その裏の打席で池田親興からライト前にプロ初安打を放ちました。

プロ野球でヒットを1本も打てずに現役を終わる選手もいます。先輩の野手から「その1本譲ってくれない？」といわれたものです。

ヒットで出塁すると、池田は一塁に私がいるのに振りかぶって投げ始めました。ランナーを背負った場面で、振りかぶりことなどありえません。それを見た私は本能で、二塁へスタートを切りました。

捕手は木戸克彦でしたが盗塁成功。投手が振りかぶったら、どんなに肩の強い捕手でも盗塁を刺すことができません。これには木戸も笑っていました。

近年のヤクルトでは2009年に一場靖弘が、サインを間違えて盗塁、2014年にDeNAのモスコーソ、2016年に阪神のメッセンジャーが記録したことがあるそうですが、かなり珍しい記録です。

この回は3点を返し、追い上げて迎えた6回表に、とんでもないことが起こります。簡単に2アウトを取ったのですが、処理をしていれば3者凡退になるゴロを、三塁のレオン・リーが弾き、打球はライトまで転々としました。さらにショートの渋井敬一が2つエラーをして、真弓明信さんに3ランを打たれてしまいます。


この回は6失点も、自責点はゼロ。7回は0点に抑えましたが、二軍に落とされ、これがプロ最後の登板となりました。

もう1つ面白い記録が、巨人・松本匡史の連続無併殺打セ・リーグ記録を止めたことです。青い稲妻のニックネームで盗塁王の松本は、849打席併殺打なしのセ・リーグ記録を持っていましたが、1983年5月21日（後楽園球場）で私が850打席目に併殺に打ち取りました。

「何で二流、三流の投手に、併殺打に打ちとられたのかわからない」と新聞に書かれましたが、私は松本には真っすぐばかり投げていました。

私はシンカーを得意にしていましたが、あれは芯を外し、凡打に打ち取る球です。だから巨人の松本や大洋（現・ＤｅＮＡ）の屋敷要には投げませんでした。俊足なので、ボテボテの凡打は内野安打になってしまうからです。

この記録は、当時広島の金本知憲が抜き1002打席連続無併殺打が1位になっていますが、松本は2020年現在も5位に入っているそうです。

当時は始まったばかりの珍プレー特集にも、何度か登場したものです。

広島の北別府学が空振りをしてバットがスッポ抜けて、マウンドの私のところまで飛んできました。それで両軍が出てきて乱闘寸前になりました。当時の土橋正幸監督がケンカ早く、珍プレー特集の常連で、よくそういう場面で登場しました。

巨人戦の時には、交代した私がマウンドから投球練習をやっていると、普段は打席から離れているバッターが、打席の近くから見ています。私は脅かしてやろうと、頭の上を目掛けて投げると、それに巨人が怒り、ベンチから出てきて一触即発になったこともあり、よくいろんな人から「また珍プレーに出てたよ」と言われたものです。

原辰徳キラーとして自信

　私は巨人の主砲だった原辰徳を抑えることで、メシを食えているところがありました。初対決は原が2年目だった1982年7月6日の札幌円山球場。高校時代に原とライバルだった杉村繁（2020年現在ヤクルト一軍打撃コーチ）がベンチから「タツノリ気をつけろよ！　このピッチャーはコントロール悪いぞ」とヤジを飛ばすと、完全に腰を引いて凡打に打ち取り、ワンポイントでマウンドを降りました。私はそこまでコントロールは悪くありませんでしたが、サイドスローで荒れ球のように見えたのでしょう。それ以来、原の場面で使われることが増え、〝原キラー〟として自信を持って臨んでいました。

　原が凄いバッターになればなるほど、私の存在価値は上がります。他のピッチャーと対戦する時は、原を応援していましたね。ところが、1985年5月6日の巨人戦（後楽園球場）。2対5でリードされた8回裏に登板し、4番の原、5番の中畑清さんに連続ホームランを被弾。試合後に土橋正幸監督に呼ばれ「クビだ！」と〝通告〟されました。

しかし選手は球団と契約を結んでいる。監督には選手のクビを決める権限はありません。そこで相馬和夫球団社長のところへ行くと「おまえよりも土橋が先だ!!」と一蹴。結局翌１９８６年のオフ、一緒にクビになりました。

当時の巨人で、もうひとり印象に残っているバッターは江川卓です。通算でホームランを13本打っているそうですが、まさに「怪物」。投げても、打っても凄かった。

江川は勝っている試合はそうでもないのに、負けている試合だと、本気で打ちにくる。それに、本気で走ったら、ムチャクチャ速かった。内野安打になると嫌なので、真っすぐを投げていましたが、一発もあるから物凄く怖かった。何打席も対戦していないと思いますが、クリーンアップと対戦する時のように、投げないといけないピッチャーでした。

二軍では定岡正二や中畑清さんと、よく話していました。甲子園のアイドルだった定岡は隣県の鹿児島実業出身で、私が先発の試合で「今日僕も先発なんですけど、勝てば一軍に上がれるんで、お願いしますよ」なんて話しかけてきたこともありました。

「そんなこと言わなくても、おまえが勝つよ」答えましたが、プロに慣れてくると実力を発揮するようになりました。中畑さんも「打たせてくれよ」なんて言っていたのが、あっという間にスター選手になってしまった。こんなことあるんだと驚きました。

幻のメジャーリーグ挑戦話

実はメジャーリーグに挑戦という話もありました。正確な年数は覚えていませんが、ヤクルトの同僚で、のちに野茂英雄や伊良部秀輝らの代理人として活躍した団野村が間に入り、実際にミルウォーキー・ブルワーズの球団代表とも会って「ＯＫ」をもらいました。しかし、ヤクルトの了解がもらえず、実現はしませんでした。

ヤクルトが春のキャンプを張っていたアメリカ・アリゾナ州のユマは、サンディエゴ・パドレスと同じ施設を使用し、１Ａ、２Ａクラスのマイナーリーガーと練習試合も行っていましたが、何試合か完璧に抑えたことがあった。向こうの選手は低めに落ちるシンカーを、振ってくれました。

阪神や広島で活躍された江夏豊さんが１９８５年にブルワーズのキャンプに参加し、最後の最後まで残り、あと一歩でメジャーリーガーというところまで行きましたが、その時に通訳を務めていたのが団野村でした。私のこともブルワーズに推薦してくれたようです。

プロに入ってからも打撃投手をすることが

多かったのですが、真っすぐを投げるといって、シンカーばかり投げていた。どれくらい通用するか、試してみたかったからです。

ブルペン捕手の小山田健一さんに「いいシンカー投げるな」と褒められたので、「真っすぐと言って、全部シンカーを投げています」と明かすと「いいね、やりな。バッターには『真っすぐが変化するから』と教えておくから」と後押ししてくれました。

自己流で投げる速いシンカーで、みんなボールの上を叩いて、内野ゴロで凡打ばかり。「これか」と打ち取るコツをつかむことができました。

アンダースローの会田照夫さんに投げ方を聞かれたので答えると「違うよ。こうやって投げてみな」と新しい握り方を教わり練習すると、それがまたよく落ちた。

１９８６年の引退後も、団野村から再び話があり、パドレスがダメになったら、メキシカンリーグに行くという話にもなりましたが、宮崎の父親に連絡すると「おまえ、何言ってるの？　もうヤクルトでスカウトをやることが決まってるんだろ？」と呆れられました。

まだ野茂英雄がメジャーリーグに行く10年近く前の話。親が止めるのも、無理はありません。

入団時の監督は広岡達朗さん

ヤクルト入団時の監督は広岡達朗さん。ヤクルトを初の日本一に導き、後は西武の監督として黄金時代を築いた名将です。

練習は厳しかった。守備はひたすら反復練習。そして走らされました。トレーニングコーチの赤坂宏三さんは棒高跳びなどの陸上選手で、メニューも濃かった。

ウォーミングアップからキツすぎて、試合前の練習だけでもうヘトヘト。「せめて先発投手だけは、メニューを軽くして下さい」とお願いしたほどでした。

その当時は私語厳禁。ランニング中にしゃべっていたら、一緒に走っていた赤坂さんがスピードを上げてきます。本格的なウエートトレーニングもまだない時代で、とにかく腹筋、背筋のトレーニングをやらされましたね。

守備練習から、ブルペンで投げる時のように、しっかり肩を作っていかなければいけなかった。守備練習でマウンドから投げるときも、ストライクが入らないと「どけ!」と広岡監督の声が飛び、メンバーから外されます。練習についていけないような選手は二軍に行けというようなムードになるので、みんな練習からチビっていました。

自身が遊撃手で、内野手は毎日球場に早く来て、ボールを取る練習など、特に厳しく指導していましたが、投手の守備も細かく教えてくれました。

広岡野球は、なぜこれをやるかという説明が必ずあった。例えば、ランナー一塁の時は、こう取って、こう投げなさいと、理に適《かな》った指導をしていました。

ノックも多く、特に一塁方向のゴロで投手が一塁ベースカバーに入る練習は、徹底してやらされた。それだけやらせることで、ボールが一塁方向に飛ぶと、体が自然と一塁方向に行くように、条件反射するようにしていました。

いくら頭で覚えていても、試合で投げていると忘れてしまうもの。理屈はいらないから、体で覚えさせる。目をつぶっていても、一塁ベースを踏めるようにならなければいけないと繰り返し練習していました。

サインプレーもたくさんあった。バントシフトのサインも、相手にバントをやらせる時と、やらせない時など、他のチームではやっていないような、サインプレーもありました。

かなり高度ですが、日本一になった１９７８年はそれが完璧にできた。広岡さんは翌年のシーズン中に辞任。武上四郎監督１年目の１９８０年は、広岡監督時代に残っていたものが出て、２位になりましたが、その後は低迷します。

　1982年は前半戦最下位で終わり、オールスター休みに入る前に内藤博文ヘッドコーチが「今は最下位だけど、後半戦全部勝てば優勝も夢ではないから」と話し始め、みんなで「後半戦全部勝てるぐらいだったら、前半戦もっと勝てるだろ」と言い合ったこともありました。

　監督は自分の色を出そうとするものです。当然武上さんは自分の目指す野球をやろうとしていたのですが、上手くいかなかった。

　広岡さんは1年に1回しかないようなプレーを物凄く練習しました。広岡監督に教わったプレーが身についていた選手のレベルがコーチよりも上になっていて、コーチが選手に突っ込まれていました。

　例えば、塁間で走者を挟むランダンプレーの追い方でも、広岡さんはレベルが高かった。当時の選手は10年後に野村克也監督の下でコーチになっています。広岡監督に培った物凄い知識があったので、野村野球の高い要求にも、広岡監督の下で勉強しているので、対応できたのだと思います。

　広岡さんはミーティングもありましたが、「その場で頭で覚えろ」と一切メモを取らせなかった。

　試合のミスも全部罰金が取られます。サインプレーのミスや見落としはもちろん、一塁へのベースカバーが遅れたといったところまで、当時は1000円程度でしたが、罰金がありました。それで溜まった罰金は、オフの納会や選手会旅行などに使われます。

広岡さんは私生活にも目を光らせていたのも、よく知られています。「遠征先の部屋で酒を飲むな」とホテルの冷蔵庫のビールを全部抜いていたほど、徹底していました。そして、ヘッドコーチの森昌彦さんが門限と、酒を飲んでいないかを、わざわざ部屋まで来てチェックしていました。

それも、サイン色紙を持って部屋に来て、「ちょっと書いてくれないか」とさりげなくチェックするというやり方です。それでバレて、罰金を取られて、二軍に落とされた選手も何人かいました。

食事の管理には物凄くうるさく、キャンプ中や遠征中は、魚と野菜中心の栄養バランスを考えた食事がほとんどです。また、ご飯は玄米で飲み物は牛乳ではなく豆乳とヤクルトでした。

練習の合間にも豆乳とヤクルトが出てきますが、しっかり飲むように豆乳には選手それぞれの背番号が張り付けてありました。

武上監督時代はたまに勝つと、帰りのバスで「ビール、ビール」とコールが起こります。するとマネージャーが「武上監督からビール1本差し入れがあります」と報告すると湧きあがり、そこは対照的でした。

松岡弘さんは天才、何をやっても凄かった

アメリカ・アリゾナ州のユマキャンプは1か月の長期で、ホテルは全員2人部屋。主力選手が相部屋の選手を決めることができて、私はエースの松岡弘さんに指名されたことがありました。

エースで通算191勝を挙げた松岡さんは天才です。何をやっても凄かった。186センチの長身からダイナミックなフォームで投げ下ろす力投型のタイプでしたが、体がやわらかかった。当時は30代中盤になっていましたが、筋肉がよかったそうで、持って生まれた素材が物凄かった。

上からでも、スリークォーターからでもサイドからでも投げることができるのです。上から投げるピッチャーがスリークォーターやサイドで投げるとバランスを崩し思うようには投げられないものです。ところが松岡さんは、どこから投げても一級品のボールが投げられるのです。特に上から投げるカーブはいったん浮いて見えて、そこから大きく落ちてきます。バッターに目線を上げさせタイミングを取らせないすごいカーブです。後に、

川崎も同じようなカーブを投げていました。とにかくスタミナがありタフで、元気な人でした。

初の日本一になった１９７８年、阪急との日本シリーズで松岡さんは２勝２セーブと活躍しました。つまり勝ち試合にすべて投げています。

しかし、その年のシーズン開幕投手は安田猛さんでした。

日本シリーズの第１戦も安田さんが先発したのですが、８回途中まで６失点。第４戦は２回途中４失点でＫＯで、以降は出番がありませんでした。その年はシーズン15勝を挙げ、４年連続２桁勝利の安田さんが、そんなに打たれるわけがない。当時の阪急はクセを盗むことに優れていましたが、恐らく全部バレていたのではないでしょうか。

松岡さんのクセも阪急はわかっていたのだと思いますが、あの日本シリーズはそれでも打たれないぐらい、真っすぐもカーブもキレがあり、物凄い球を投げていました。

鈴木康二朗さんは私と同じシンカーを得意にしていた。あるとき「どうやって投げているんですか？」と聞くと「シンカーは投げてないよ」と言われました。当時はまだ自分の大事な武器を人には教えないという時代でした。

阪神の小林繁さんに聞いたときも「普通だよ」と、やはり握りは教えてくれませんでした。

入団した頃の正捕手は大矢明彦さん

入団した頃の正捕手は大矢明彦さん。のちに横浜（現ＤｅＮＡ）の監督を務めましたが、バッテリーを組んだ時は、さすがに大矢さんが出したサインには首を振ることができませんでした。

最初は怖い人という印象がありました。若い頃にユマキャンプの食堂で、大矢さんと一緒になったのですが、特に話すことがありません。気まずくなった私は「やっぱり朝は味噌汁ですよね」と声をかけました。

ところが「だから何だよ」と返事がきたので「味噌汁は、豆腐ですよね」というと「あっ!?」と憮然としています。慌ててしまった私は「昼はうどんですよね」というと、さらに気まずくなってしまいました。

実は大矢さんは、豆腐もうどんも嫌いでした。同僚から「おまえ知らないのか？」と言われましたが、あとの祭りです。ところが、面白いやつだと思われたのでしょうか？　それ以来かわいがってもらうようになりました。

１９８４年のユマキャンプのミーティングで、「自分は相手チームをどう攻めるのか？」と、各々がスピーチをしたことがありました。

私は「まずはボール球で入って、シンカーでストライクを取る。見せ球を使って、シンカーで追い込む。そして最後はシンカーで打ち取る」と話すと、他の選手から「おまえシンカーばっかりかよ」とヤジを飛ばされ、笑われました。

するとバッテリーコーチ兼任になっていた大矢さんが「この中で、これだけ自信を持って言えるやついるのかよ！」と言うと、みんな黙ってしまったこともありました。

私の投球スタイルはシンカーに頼るしかなかったのですが、逆にいうと、それだけ真っすぐには自信がなかったのです。

ところが、ある試合中に大矢さんが「おまえの真っすぐは、そんなに悪くないよ。思い切ってサイン通り投げて来いよ」と声をかけられ、思い切って投げると、低めにビシっと決まり、抑えられたこともありました。

それから真っすぐにも自信を持ち、真っすぐを投げないとシンカーが生きないことを自覚しました。カーブを投げてからのシンカーでは、シンカーが生きません。真っすぐを見せてからのシンカーだとシンカーが生きて通用しました。

大矢さんといえば忘れられないのが、ピンチの場面になると必ず大きな声で「ピッチャーゴロ、ゲッツーな」と念を押してきたことです。

マウンドに上がると、緊張してあがってし

まいます。ピンチになれば、頭が真っ白になり、何をしたらいいかわからなくなってしまいます。そこで、冷静になり指示を徹底させるのも、キャッチャーの仕事です。

大矢さんは、返球してくる球が速かった。恐らく150キロぐらい出ていたのではないでしょうか。

みんなバリバリの一軍のメンバーですから、ロッカーでも怖かった。大杉勝男さんからは「スパイクを磨いておいてくれ」と頼まれ、きれいにして返すと「バット1本選べ」と言われ「俺のファンもいると思うから、誰かにあげてくれ」と渡してくれました。

広島遠征に行くと、裏方さんと若手を連れて、最高級焼肉店で、すごくおいしい肉をごちそうしてくれました。親分肌でカッコいい人でした。

若松勉さんも、私が打たれたり、敗戦投手になったりすると食事に誘ってくれて「今日のことは考えなくていいから。次、頑張ればいいから」と慰めてくれました。

また、私が救援を失敗して首脳陣から怒られ、気まずい雰囲気の時には「俺と一緒にグラウンドに出れば、何も言われないから」と、練習に連れて行ってくれて、助けてくれたこともありました。

甲子園のアイドルだった荒木大輔投手、当時の人気はハンパではない

１９８３年にヤクルトへドラフト1位で入団してきたのが甲子園のアイドルだった荒木大輔投手。当時の人気はハンパではない。凄いものがありました。

荒木が入団したことで、ヤクルトスワローズの知名度も大きく上がりました。神宮のクラブハウスから球場へつながる「荒木トンネル」が作られたことは有名ですが、これまでは球場で見たことがなかった女子高生や若い女性が押し掛けました。毎日抱えきれないほどのプレゼントをもらっていました。あんなにもらった人はいないでしょう。広島、甲子園、ナゴヤ球場といった敵地にも、荒木のファンが来て、他の5球団もだいぶ観客が増えたはずです。早実高で春夏5季連続甲子園に出場。びっくりするようなボールを投げるわけではなく、入団してきたばかりの頃は「運の強いやつだな」と思っていました。しかし、スカウトを経験した今になってみると、文句なしにドラフト1位の素材だということがわかります。内角、外角。それ相応のところにしっかり投げることができる。野球は面

白いもので、しっかりコントロールしたところに投げれば、打球は野手の正面に行くようにできている。内角、外角、真ん中の間に投げてしまうのが、一番ダメなピッチャーです。

1993年の日本シリーズで、野村克也監督は、荒木を第1戦で先発させ、8対5で先勝しました。シリーズは第7戦までもつれて日本一になったのですが、野村監督はなぜか荒木を使わないで終わってしまいました。第6戦が雨で中止になったことで、ローテーションに余裕ができ、第4戦で8回無失点と好投していた川崎憲次郎を、中4日で継ぎこむことができたというチーム事情もありましたが、私は疑問に思った。そこでシリーズ後に野村さんに理由を聞くと「残しておけば、『まだ荒木さんがいるから大丈夫だ』と、みんな安心するだろ」という答えが返ってきました。第6戦と第7戦は、切り札としてブルペンで待機させていたのです。野村さんはデータ重視のＩＤ野球で知られていますが、それだけではない。この時のように「荒木は大舞台に強い。何か持っている」という勝負運やプラスアルファのようなものを重視しているところもありました。5大会連続で甲子園に出場したのは並大抵ではない。もちろん、運だけではなく、実力もあってのことです。右荒木はコントロールがよく、ハートも強い。右ひじ、右肩の度重なる手術から復活を果たした強靭な精神力も持っていました。

同期入団の尾花高夫は若い時から違った

1977年のドラフトで私を含め6人が指名されました。ドラフトで同期生だったのが、横浜（現ＤｅＮＡ）で監督を務めた尾花高夫投手（新日鉄堺）。私はドラフト5位で背番号「33」。尾花はドラフト4位で背番号「32」でした。

1位の柳原隆弘外野手（大商大）、2位の渋井敬一内野手（桐蔭学園高）、3位の後藤雄一投手（相洋高）、6位の田中毅彦内野手（土浦日大高）と全員が一軍にいたこともありました。中でも一番活躍したのが、通算112勝135敗29セーブの尾花でした。

私よりも3歳下ですが、練習熱心で勉強家。ピッチングは計算尽くされていました。粘り強く5、6球かけて勝負をするというように、組み立てていました。私は行き当たりバッタリで、初球で打ち取ればラッキー。3球ぐらいで抑えられれば儲けものというタイプだったので、まったくスタイルが違いました。

練習ではよく走っていたし、いつも腹筋を鍛える練習をして、ユニフォームが擦り切れて、おしりの辺りから血が出ていたこともありました。私が「血が出てるぞ」と心配すると「これぐらいになると、気持ちよくなってくるんですよ」と笑い飛ばしていたほどでした。

新幹線で移動の時に隣の席に座っていると、いつも難しそうな本を読んで、メモを取っていました。

「何をやってるの?」と聞くと「いい言葉とか、いい話はメモをするんですよ。人間は忘れてしまいます。それが野球にも生きてくるんですよ」と言われ、これを聞いたときに「尾花には勝てないな」と思いました。

引退後はダイエー（現ソフトバンク）や巨人で投手コーチとして活躍し、横浜ベイスターズの監督にもなりました。役に立つことがあれば、何でも野球に取り入れようとしていて、当時から将来は指導者になろうと考えていたのかもしれません。

尾花は1995年にロッテの一軍投手コーチに就任し、その年のロッテ2位の躍進に貢献しました。1997年はヤクルトの一軍投手コーチでリーグ優勝と日本一に貢献しました。その後はダイエー王貞治監督に実績を高く評価され、ダイエーの一軍投手コーチに就任し、3度のパリーグ優勝、2度の日本一に貢献しました。巨人の一軍投手総合コーチへの就任後は、年々防御率を改善し、2007年~2009年のリーグ3連覇に大きく貢献しました。

第3章

スカウトとは

スカウトは人脈づくりに地道な作業が大切

スカウトはプロの選手経験のない人もたまにいますが、大半は現役引退後や、コーチを経験していた人が就いています。多い球団だと15人ぐらいスカウトのいるところもありますが、ヤクルトは7人ほど。北海道から九州まで地域ごとに担当制で分担。私は現役引退後の1987年に故郷の九州担当スカウトに就任。先輩の奥園満さんと2人で手分けをして、私は宮崎に住み、大分、鹿児島を中心に選手を見て回りました。

九州担当のスカウトになると、南海は石川正二さんという、私が宮崎商業のときに見に来てくれたスカウト。広島の木庭教さんには、東洋紡岩国が解散した時に、声をかけてもらいました。そういう人たちと一緒にスカウト活動するのは、感慨深かったですね。

私がスカウトとして生きていけるように、基本を教育してくれたのは、奥園さんでした。最初は一緒に試合や練習を見に行き、気になった選手の点数を項目ごとにつけるのですが、ホテルに戻ると毎日テストです。

「何でこんなに点数が高いんだ」、「俺だったら、こう評価する」と私がつけた点数を査定してくれました。

他にも、スカウトとしてのイロハを叩き込んでもらいました。打撃練習はまずは後ろから、いい軌道でバットが出ているか、ステップはどうかなどをチェック。そして後ろからだけではなく、右打者なら三塁側からも見る。横からだと、打撃フォームがブレていないか、投手方向に体が突っ込んでいないか、体がのけぞっていないかなど、いろんなことがよくわかります。

名スカウトは、一塁側の客席から見る傾向にありました。日本ハムの監督を務めた大沢啓二さんは、球団常務としてスカウト活動もしていた時に、いつも一塁ベンチの真上の席から見ていました。

監督としてベンチから見ているのと同じ視線で見やすかったからだそうです。私は現役時代に投手で、球筋を見たかったので、ネット裏に座ることがほとんどでした。

駆け出しは、まずは人脈を作っていかなければいけません。大学出身、特に東京六大学を出ていると先輩、後輩のつながりが厚く、アマチュアの監督や指導者のＯＢも多いので、それだけでかなり人脈が広がり、有利に働きます。

また現役時代にネームバリューがある人は有利です。ヤクルトの岡林洋一スカウトのように、人気選手だった人は、「岡林さんですか！　感激ですね。日本シリーズ見ていました」と驚かれていたこともありました。

まずは人脈つくり。高校、大学、社会人チームを地道に回り、信頼を得ていくしかありません。

視察する時は、事前に学校などに連絡を入れ、ウォーミングアップが始まる前に監督にあいさつをして、練習は最後まで見ます。

そして大事なのが、練習試合などの日程を確認することです。今はどこのチームも、1カ月の練習予定表を作っていて、渡してくれますが、当時はそんなものはありませんでした。

練習試合の球場も、聞いたことがないようなところにあることもあり、探すのも一苦労。始めは電車に乗るのもスムーズにいきませんでした。みんな切符も買わずに、乗り換えているので、どうやっているのかを他のスカウトに聞くと、事前にその地域の周遊券を購入し、それを使用しているので、いちいち切符を買わなくてもいいと教えてもらいました。最初はわからないことだらけですが、自分でやっていくことで自信もついてきます。

地域によって、選手のタイプに差があります。九州の選手は骨太で、熱しやすく冷めやすい。例えば、レギュラーポジションを与えて「しっかりやってくれよ」と託すと、しっかり結果を残しますが、競争をさせるとダメなことが多い。

逆なのが北海道、東北の選手。寒いところで育っているからか、粘り強く、諦めない。東北の選手と九州の選手を競争させると、まず東北が勝つことが多かった気がします。

先輩からは「スカウトは群れちゃダメだ」と教えられました。確かに、いつも何球団ものスカウトと一緒に行動し、一緒に試合を見ているような人に、名スカウトはいません。

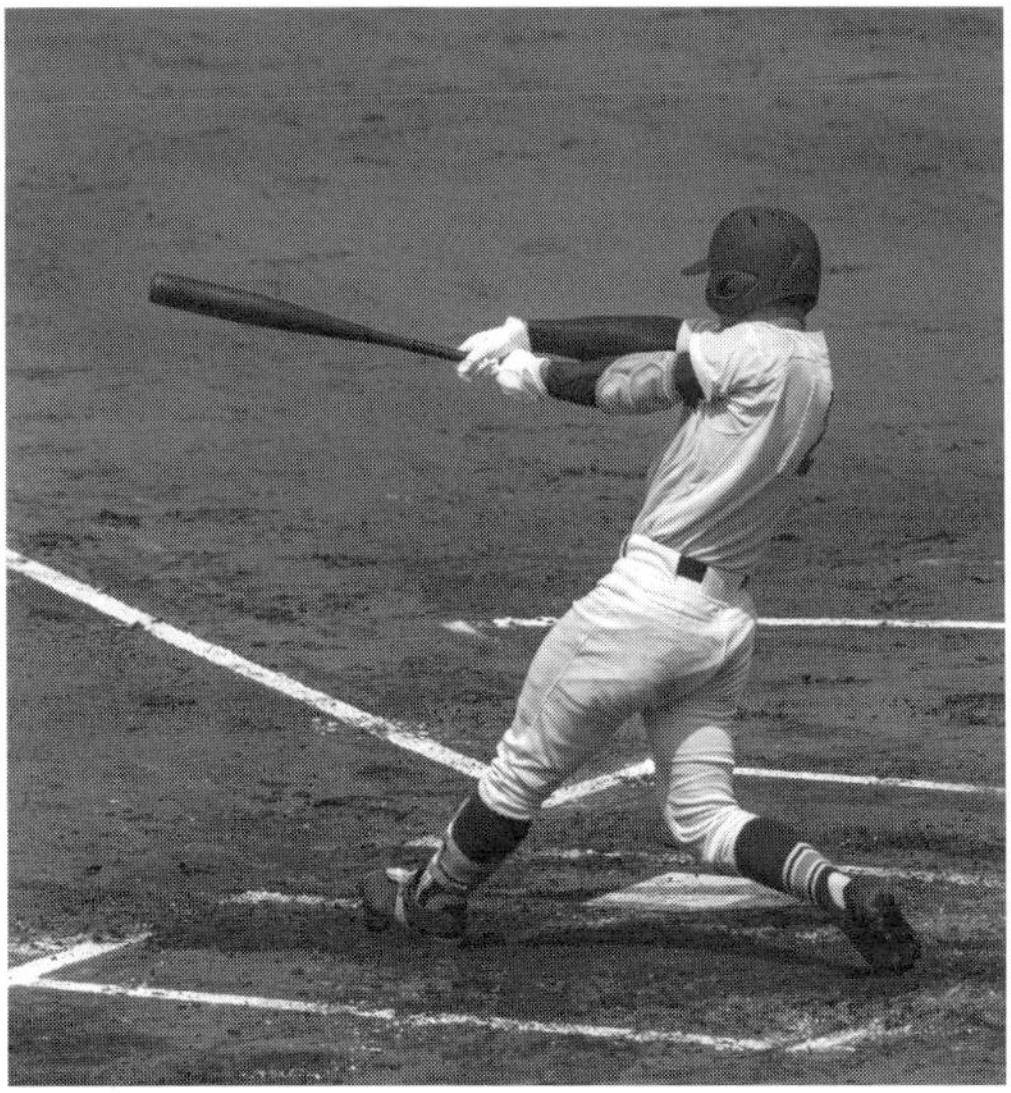

バッターは３塁側からも見る

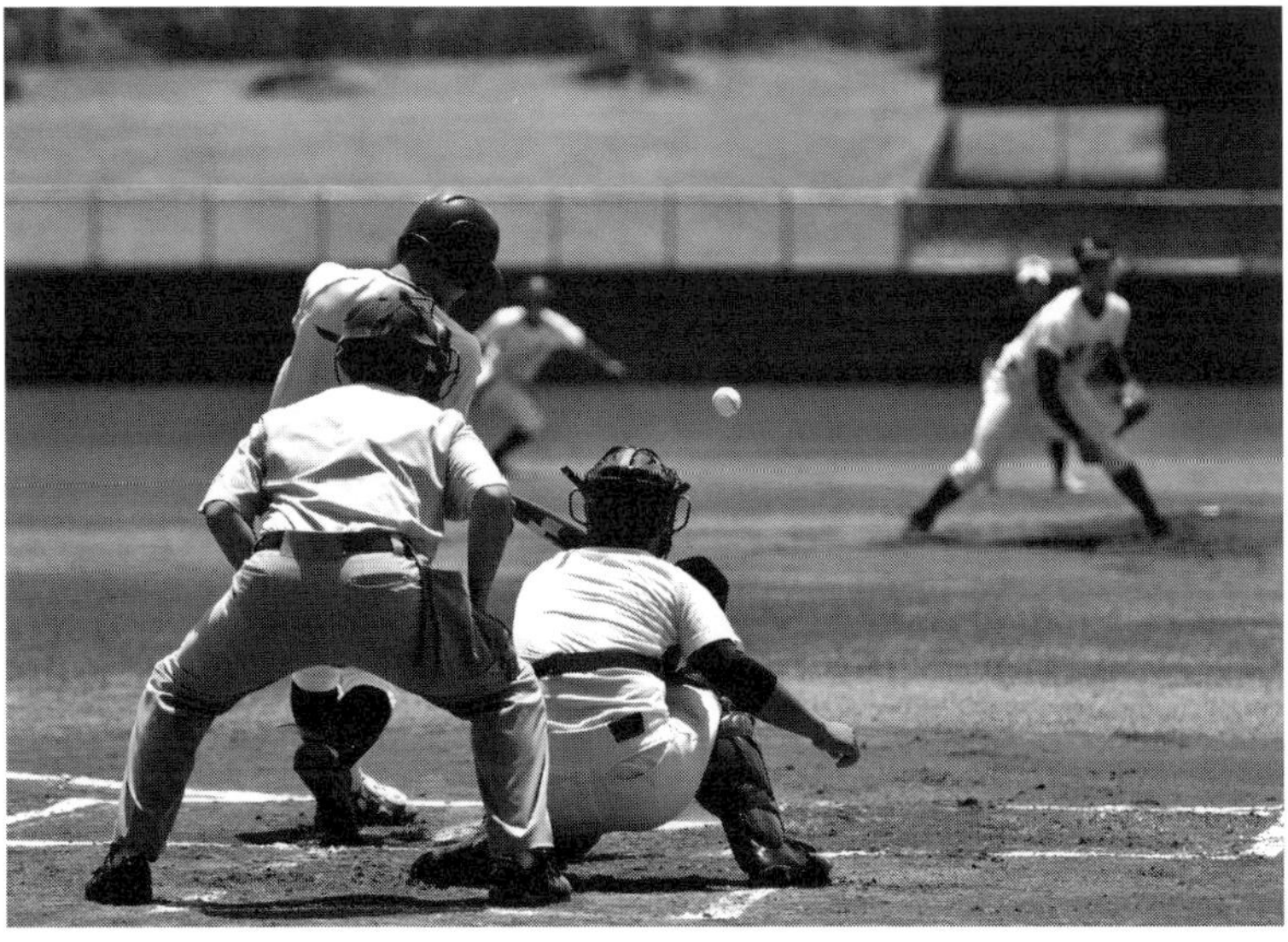

ピッチャーは球筋を見たかったのでネット裏から見た

夏は暑く、春は寒い甲子園視察

スカウトは1年中、休む間もない仕事です。スカウトの1年はドラフト会議で終わり、そこからスタートするようにみられていると思いますが、決してそんなことはありません。

夏の甲子園には、むしろ翌年のドラフト候補生をチェックするために行っているといってもいい。その年のドラフトにかかる3年生の評価は、甲子園までにある程度終わっていて、最終確認作業になります。

3年生が退部した新チームの秋季大会で、どの高校の、どの選手を見に行けばいいか、ある程度メドを立てておきます。

スカウトといっても、高校野球も大学野球も社会人野球も席が用意されているわけではありません。ファンの方と同じで、チケットを買って球場に入ります。東京六大学や東都大学野球は、年間パスを購入しています。

甲子園大会の第1試合は朝8時から。現在のネット裏は指定席になっていますが、私がスカウトの頃は自由席だったため、若いスカウトが朝4時、5時に起きて、席を確保するために列に並んでいました。

ヤクルトが陣取っていたのは、スタンドの中段あたり。各球団バラバラに座りますが、初日に陣取った席は別の球団が座らないという、スカウト間で暗黙のルールがあります。

席に荷物を置いてスカウト全員で食事に行き、そこの席が空いてしまうと、席のないお客さんからクレームがつくことがあるので、みんなで一斉に食事もいけません。２人ずつぐらいで順番に行っていました。

これは大会前に行われる、スカウトの幹事会で決められているのですが、中にはルールを無視して、全員でいなくなってしまう球団もある。そういうスカウトほど、食事の後に、爪楊枝を口に入れて戻ってきます。

私たちスカウトは球団を背負っています。ネット裏で見ているような高校野球ファンは、スカウトのこともよく知っているので、示しがつきません。こんなことで選手の教育ができるのかなと、同じスカウトとして情けない気持ちになります。

高校野球の地方大会でも決勝は超満員になり、エライ目に合うのはわかりきっているので、決勝は見に行かずに、その前に調査を済ませるようにしています。

特に大変なのは神奈川大会。準決勝や決勝になるとチケットは完売してしまう。近年では桐光学園の松井裕樹投手（２０２０年現在楽天）が2年夏の甲子園で1試合22三振を奪い注目されたため、３年の神奈川県大会は担当スカウトが2、３時間並んで球場に入ったこともありました。近年では花巻東高の大谷翔平投手(2020年現在ロサンゼルス・エンゼルス)の人気も凄かった。

夏の甲子園地方大会の組み合わせが発表されると、全49大会すべてに目を通し、どの試合を見に行くかスケジュールを組みます。勝ち進むとお客さんが増えてくるので、なるべくいい席で見るために、1、2回戦で足を運ぶようにします。

いい選手は当然何回も見たくなります。目当ての選手がいる学校は、どれぐらいまで勝ち進みそうか、読むのも仕事。予想が外れ、見逃してしまったことも何回かありました。

今でこそインターネットから、すぐ情報が入ってきますが、私がスカウトになった30年ほど前はまだ普及していなかったので、新聞頼みでした。雨で中止になると、大会の日程が変わってしまうので、それを調べるのも一苦労。携帯電話がなかった時代は、公衆電話から球場に確認していたのだから、今とは大きな違いです。

夏の地方大会は暑いし、春先はまだ寒い。全国ほとんどの球場に足を運びましたが、私はスタンドに天井があるかどうかをチェックしていました。

私はいつも長袖。肌が弱いので、日焼けしたくないからです。直射日光が当たるのと、天井に遮られて当たらないのでは大違い。天井のある球場は、早めに行って、席を確保していました。

しかし中には、あえて日に当たって真っ黒になっているスカウトもいます。これは、一生懸命見ているぞというアピールもあるのかなと思って見ていました。

一方、春の選抜高校野球は寒いどころではない。先輩スカウトの中には、携帯用のストーブを甲子園球場のスタンドに持ち込んで、毛布をかけて使っていました。もちろんこれは消防法に違反しているのですが、そこまでしたくなるほど、寒いのです。

私が、選手を発掘するための基本にしていたこと

①	試合はすべてシートノックから見て守備の動きを確認する。
②	内野手はグラブさばき、フットワーク、肩の強さ、打球に対しての一歩目を見る。
③	外野手は肩の強さと正確度、足の速さ、守備範囲、打球に対しての反応を見る。
④	ピッチャーは投球フォーム、球筋、球の速さ、変化球の精度を見る。球速はスピードガンで計測する。クイックができるかも見る。クイックは投球動作の動き出しから捕手が捕球するまでをストップウオッチで計測する。
⑤	バッターはバッティングフォームをネット裏、1塁側、3塁側から見てタイミングの取り方、重心移動などを分析する。
⑥	バッターは投球がバットに当たってから1塁ベースを踏むまでの走力を計測し足の速さをチェックする。また、走者になったら投手の動き出しから走者が2塁ベースを踏むまでを計測して盗塁技術をチェックする。
⑦	捕手は捕球姿勢、捕球技術、肩の強さとスローイングの正確度を見る。投球を捕球して2塁ベース上の野手が捕球するまでを計測してチェックする。
⑧	以上をチェックしたうえでドラフト候補になる選手はビデオで撮影する。

ストップウォッチ計測やビデオ撮影も統一

スカウトの7つ道具は、夏場はうちわ、タオル（春先はマフラーに携帯用カイロ）、ビデオ、スピードガン、双眼鏡、ストップウォッチ、スコアブック。これは忘れられません。

ストップウォッチでは、投手のクイックモーション、捕手の二塁への送球、打者の一塁まで走るスピードなど、すべてを計測します。

双眼鏡とストップウォッチは、30年間のスカウト生活で3つほど替えたので、10年ほどでダメになってしまいます。

ストップウォッチの測り方は、スカウト内で統一します。例えば、一塁までのスピードも、バットにボールが当たってからと、一歩目を踏み出してからでは、タイムが全然違います。

捕手の二塁送球も、スカウトはイニング前の投球練習のタイムを計るのですが、トレードなどを調査する編成担当は試合中に測る。こういったものは、すべて同じタイミングにしなければいけません。

ビデオもバラバラの映像では見づらいので、同じ角度にしています。右投手なら一塁側から、左投手なら三塁側から撮影。その方が、投球時に後ろへ腕を引いたバックスイングがよくわかるからです。

打たれた時の顔のアップも忘れてはいけない。打たれた時に、動揺するのか。冷静でいられるのか。カッとするタイプなのか。どういう表情をするのかで、性格もわかります。

近年は、高校野球の地方大会や大学野球の試合でもインターネットでも視聴をすることができますが、やはり球場に足を運ばなければいけません。選手のプレーを見るだけではなく、どれだけ足を運んだか。それも獲得を狙っているチームへの誠意につながります。

また、球場でアマ野球をよく見ている人に話を聞くことで、思わぬ情報を仕入れたりすることもあります。自分の目を信じることも大事ですが、新たな発見があるものです。

年が明けると、その年のドラフトへ向けての動きが本格的に始まります。１月は各高校、大学、社会人へ、新年のあいさつ回りから始まります。各チームの練習始めはいつなのかを調べ、まずは１位指名を目指している選手のところへ行き、力を入れます。

もちろん、すべて上手くいくわけではありません。ある年に東北の大学へ上位指名候補の捕手を視察に何度か行きました。学校側に「見に行くので、よろしくお願いします」と連絡を入れていたのですが、いつも一塁を守っていて、捕手をやるところを見せてくれませんでした。

「なんで捕手をやらないの？」と監督に聞く

と「順番にやらせている」と話していましたが、もう別の球団とある程度話ができていたのでしょう。

３月になると大学、社会人野球も沖縄や宮崎でキャンプを行い、そこで練習試合もあります。以降は３月の選抜高校野球、４月からの大学野球春季リーグ戦、社会人野球のトーナメント。７月に入ると夏の高校野球地方大会、夏の甲子園、社会人の都市対抗野球、９月の大学野球秋季リーグ戦と、休む間もなく大会が続きます。

20××年アマチュア野球 各日程（予定）

<table>
<tr><th></th><th>高校</th><th>大学</th><th>社会人</th></tr>
<tr><td>3月</td><td>選抜高校野球
3/23から（12日間）</td><td></td><td>スポニチ大会
3/7から（4日間）</td></tr>
<tr><td>4月</td><td rowspan="3">各地区
春季大会</td><td rowspan="2">各地区　春季リーグ戦
4月上旬から
5月下旬まで</td><td>四国・静岡・
岡山・京都　各大会</td></tr>
<tr><td>5月</td><td>ベーブルース杯・
九州・東北　各大会</td></tr>
<tr><td>6月</td><td>全日本大学野球選手権
6/7から（6日間）</td><td rowspan="2">各地区
都市対抗予選</td></tr>
<tr><td>7月</td><td>全国高校野球大会
各地区予選</td><td rowspan="2">日米大学野球選手権大会
（　）　/　から（　日間）</td></tr>
<tr><td>8月</td><td>全国高校野球大会
8/6から（15日間）</td><td>都市対抗
8/26から（12日間）</td></tr>
<tr><td>9月</td><td rowspan="2">各地区　秋季大会
ドラフト会議</td><td rowspan="2">各地区　秋季リーグ戦
9月上旬から
10月下旬まで
ドラフト会議（未定）</td><td rowspan="2">日本選手権　予選
9月上旬から
ドラフト会議（未定）</td></tr>
<tr><td>10月</td></tr>
<tr><td>11月</td><td>明治神宮大会
11/12から（5日間）</td><td>明治神宮大会
11/12から（5日間）</td><td>日本選手権
10/29から（2日間）
11/9から（6日間）</td></tr>
</table>

国際大会　※20××年大学世界大会

選手のランク分けのチェック項目

スカウト会議では、選手を特A、A、B、C、Dランクに分類します。Aは1位級。Bは2位、3位級で、C、Dになると、さらに下。特Aというのはドラフト1位で競合になるような選手。2019年なら佐々木朗希投手（ロッテ）、奥川恭伸投手（ヤクルト）、森下暢仁投手（広島）で、これは1年に3人程度でしょう。

選手のチェックには多くの項目があり、スコアブックに10点法で点数をつけています。

投手なら、ストレート、変化球、コントロール、守備力など、10個以上のチェックポイントがあります。

野手なら、スイングスピード、パワー、ミート力、選球眼、一塁までのスピードや走塁センスなど。

捕手なら、肩の強さ、守備力など走攻守といったところを10点法でつけて、分類していきます。

以前のヤクルトは、そこまで多くの項目がなかったのですが、私が阪急ブレーブスのスカウトから入手。それを基にアレンジを加えていきながら、何かアイデアはないか、常によりよいスコアブックを作り上げることを目指し、現在もヤクルトで使用されているそうです。

しかし人によって、選手に思い入れが入ってしまい、点数をつけるのが、物凄く甘い人もいます。逆に「これだったら1位級だろ」と思う選手でも、厳しく点数をつけるスカウトもいる。私は最初にスカウトになったときに、一緒に担当した奥園満さんに教わり、きつめにつけるタイプだったと思います。

現在はソフトバンクで活躍している武田翔太（宮崎日大高）の練習試合を見た時のこと。岡林洋一スカウトに「アウトコースに抜群の球を投げるけど、試合では1、2球しか行かない。でもそのボールを見たら『獲りたい』と思う。そのボールを見逃すなよ」と伝えました。

1球投げられれば、2球投げられる。2球投げられれば、3球投げられる可能性がある。その光るところが、もっと光っていく可能性がある。それを見出すのがスカウトの仕事です。

3月の選抜高校野球を前に第1回のスカウト会議を開き、候補生を300人程度リストアップします。

そしてスカウト会議のたびに、リストから消していきます。しかし私は「消すのはいつでもできる。簡単には消さないように」と、なるべく残すようにしていました。

6月の大学リーグ戦終了後、8月の夏の甲子園、都市対抗野球の時期など定期的に会議を行い、徐々に候補者を絞っていきます。

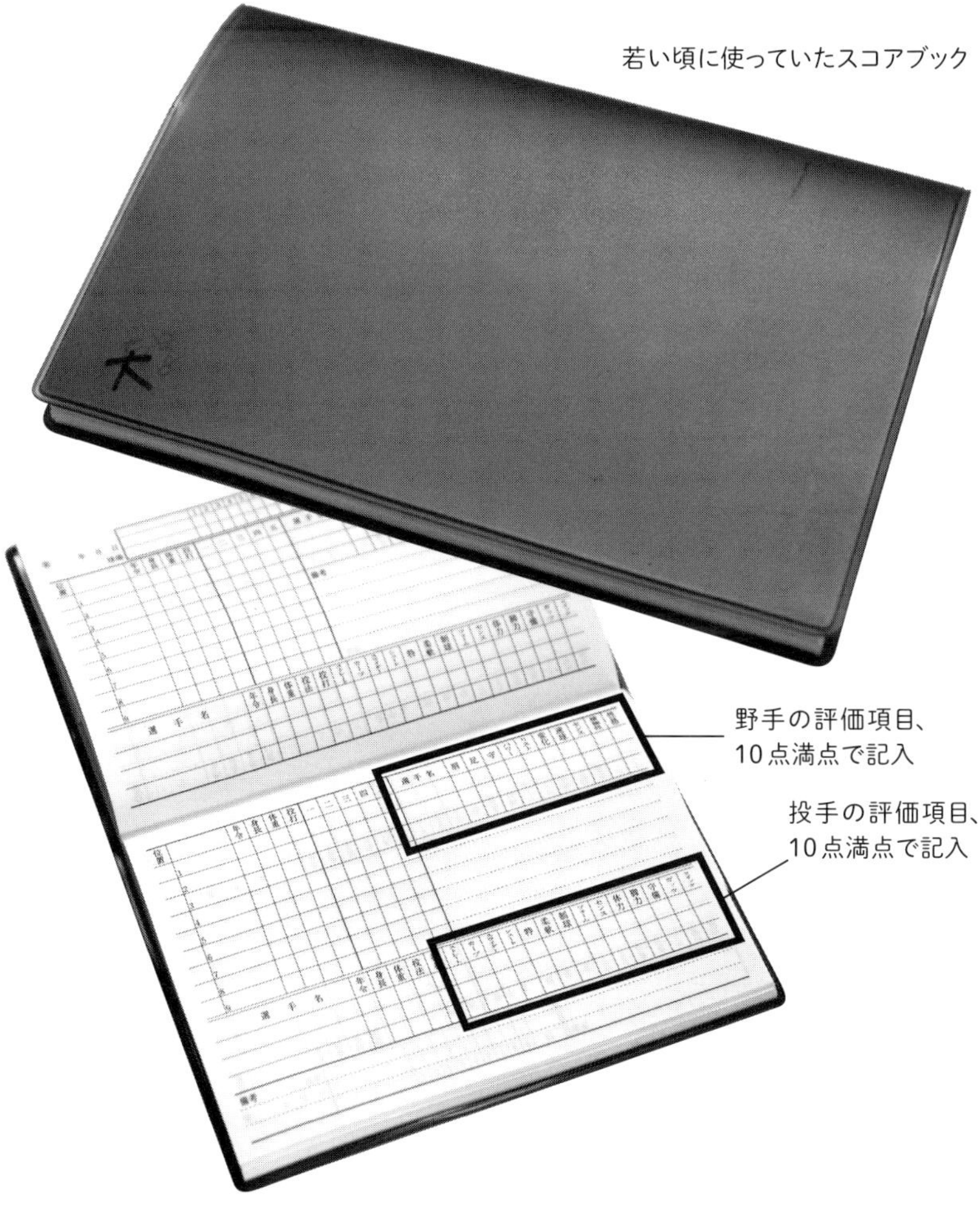

若い頃に使っていたスコアブック

野手の評価項目、
10点満点で記入

投手の評価項目、
10点満点で記入

私のドラフト候補の絞り込み

①	毎年１月に候補選手をリストにする。
②	候補選手以外もシーズン中に発掘しリストアップする。
③	６月ぐらいまでにリストアップした選手のランク付けを行う。 1位候補、2、３位候補、4，５位候補、６位以下候補に分ける。
④	夏の甲子園大会ぐらいまでに高校生の最終のランク付けを行う。
⑤	９月に全選手のランク付けを行う。

調査票で入団の有無を確認

指名を検討している選手には、調査票を送って、書いてもらいます。内容は経歴、身長、体重、詳細な成績、健康状態、自己ＰＲ、監督の寸評など。長所、短所などの項目を、監督にＡＢＣで判定してもらいます。

この調査票は監督が書くケースと、選手本人が書くケースがあるのですが、球団によってはスカウトの目の前で本人に書いてもらうところもあるそうです。

調査票がないと、指名できないわけではありませんが、ヤクルトは調査票が送り返されてこなかった選手は、入団の意思がないと判断して、指名することはありませんでした。

ある球団は、支配下選手ではなければプロに行かないと公言していた高校生を、育成枠でドラフト指名してしまった。事前の約束を破ると、あとが大変です。その選手は大学に進学。学校の監督は怒り、その球団のスカウトを出入り禁止にしました。

家族構成や誕生日などのプライベートも知ることができればプラスになる。北海道の選手は、特に誕生日を見ろとも言われました。1、2月生まれの選手は、夏の東京の暑さに耐えられないからです。

　血液型は野村克也監督の提案で、項目に加えました。自身がB型の野村さんは、名球会メンバーに日本人に一番少ないB型が多かったことから血液型に興味を持ち、分析していました。

　性格も知っておかなければいけないのですが、これがなかなか難しい。スカウトは選手と接することは、プロ志望届を出すまでは禁止されている。なので、監督や両親、親しい人から聞かなければいけないのですが、それではハッキリしたことはわかりません。

　本人と直接話す機会があっても、本性をみせないタイプや、猫をかぶっていることもあるからです。

　一番困るのが故障歴です。契約金が下がることを心配してなのか、隠していることが多いのです。練習を始めて3か月ぐらいすると、コーチから故障していたことを聞かされることが何度もありました。

　だから、冗談で「あとでバレたら、契約金をかえしてもらうからな」と言ったこともあります。そこまで選手との信頼関係が築けていないということでしょうが、いかに本音を引き出すことができるか。こういった面も苦労します。

シミュレーションは入念に4、5パターン

ドラフト前には、かなり入念なシミュレーションを行います。1位の抽選が当たったら、次はこの選手にいく。1位を外したら、この選手を指名するなどと、4、5パターンを考えて、ドラフト会議本番に備えます。

まず獲得したい選手をピックアップし、100位ぐらいまで順位をつけていく。ドラフト当日の会場には、20〜30人ぐらいのリストを持っていきます。ヨソはもっと多い球団もあると思いますが、ヤクルトは「これで足りるのか？」と心配されるほど、かなり人数を絞っています。

ヤクルトは以前から少なかったと思いますが、私がチーフスカウトになってからもずっと20〜30人ぐらい。これは自信を持ってドラフト会議に臨んでいるからこそできることです。

もちろん他球団が誰を指名するのか。情報収集します。しかし、ヨソのスカウトに直接聞くのは、よくない。例えば「あの選手何位ぐらいで行くの？」と聞いたら、それだけでは済まない。こちらの情報も教えないわけにはいきません。そこから漏れてしまっては、元も子も

ありません。

スカウト会議が終わると、スポーツ新聞やテレビの担当記者に対応します。「ヤクルト○○を1位指名」といったスポーツ新聞を読んだことがあると思いますが、チーム事情で事前に明かす時と、明かさないことがあります。

２０１０年の斎藤佑樹投手（現日本ハム）や２０１１年の高橋周平内野手（東海大甲府）のように、早い段階で1位指名を公表することもあれば、煙に巻くこともあります。当日担当記者に「1位はまだ決まっていない。当日に決めます」と言うこともありましたが、もちろんそんなことはない。すでに決まっています。

ある時は、他球団が狙っている選手を、指名する気がないのに、あえて可能性があると匂わせたこともありました。これはドラフト戦略で、こちらが獲る気があるとわかれば、予定よりも順位を上げて指名してくるかもしれない。その選手を早めに獲ってもらうことで、有利に進めることができます。

２０１５年のドラフトは、1位指名を桜美林大の佐々木千隼投手（現ロッテ）、外れ1位は作新学院高の今井達也投手（現西武）と報じられましたが、実際は履正社高の寺島成輝投手を1本釣り。見事に他球団と新聞記者の裏をかくことに成功しました。

事前にバレたら面白くないし、他球団のスカウトに「ヤクルトは何をやってくるかわからない」と警戒させたい。「そっちの選手にいったか」と、あっと驚かせるのもドラフトの醍醐味。チーフスカウトになってからは、そのあたりは、こだわりを持ってやっていました。

チーム状況にもより、即戦力が欲しいのか、将来性を重視するのか。監督や現場の意見を聞きながら、方向性を定めていきます。

指名する選手は6~8人。多い時で10人。少ない時は4人ということもありました。

ドラフト会場のテーブルには監督、球団社長、スカウトのトップなど、各球団5人が座ることができ、他のスカウトは球団ごとに手配した別室のモニターを見ながら待っていることになります。当然、会場のテーブルで、どんな話し合いが行われているのかわかりません。

監督や球団社長は、スカウト活動をしていないため、細かいところまではわからないので、上位指名が終わり休憩をはさむと、スカウトに任せて席を立つ人もいます。私は相馬和夫球団社長から「座りなさい」と席を譲ってもらい、若い時からテーブルに座らせてもらいました。

ドラフト会場では想定していないようなことが次々起こります。若い頃から座れたことは、いい経験になりました。

事前に「今年は何人指名しよう」と決めて、ドラフト会場の席につきますが、予定していた指名が終わった時点で「こんな選手が、まだ残っているの?」というケースが出てきます。

そんな時は「優勝がかかった試合で『あいつを獲っておけばな』ということになりますよ」と球団社長や監督を説得し、もう1枠増やしてもらったこともありました。

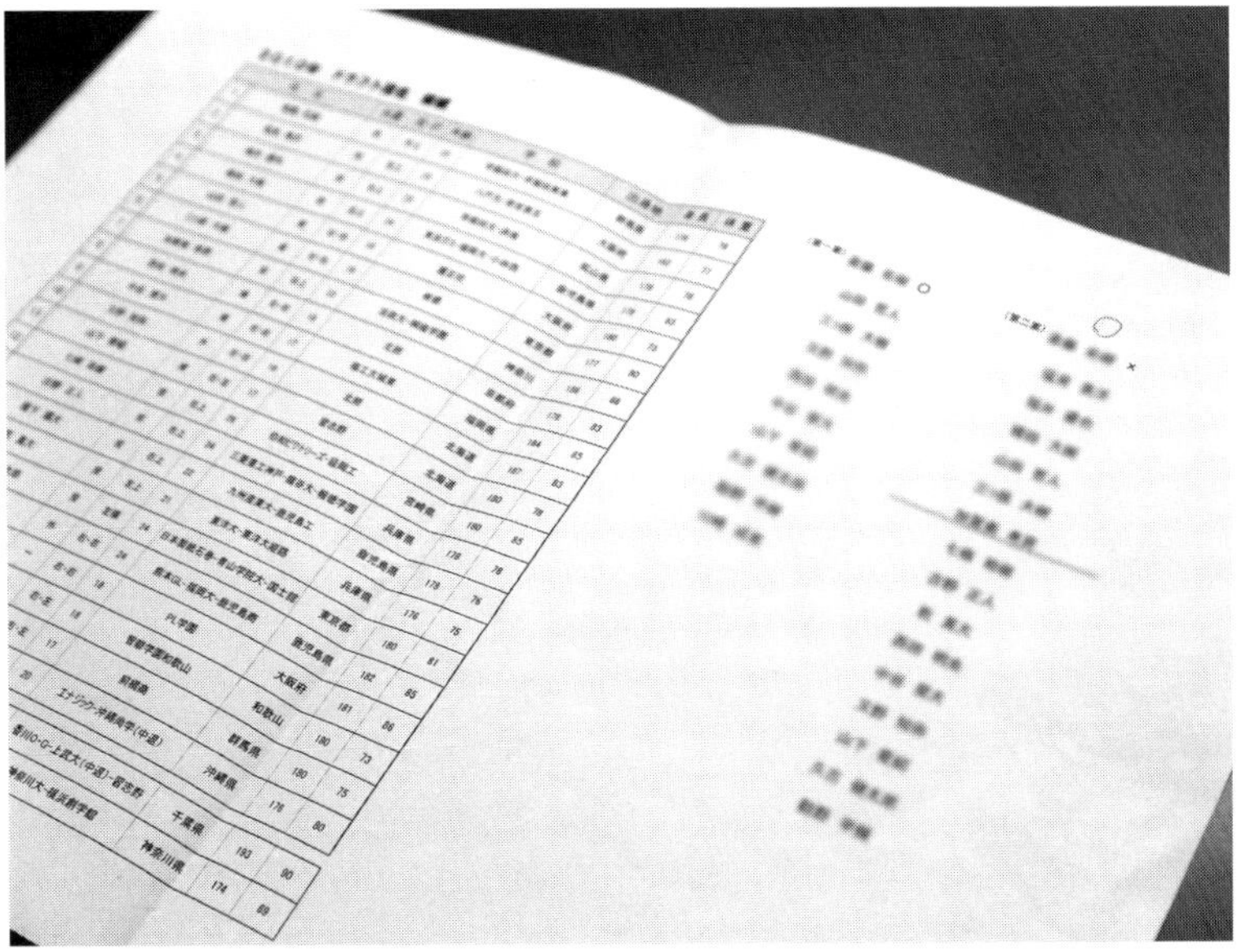

2010年ドラフトシミュレーションの一例

①	１位から21位までを順位付けして、シミュレーションを行った。
②	この年の１位指名は斎藤で決定していたので、斎藤を獲得できた時が第１案。 獲れたら２位は高校生野手。
③	第２案は斎藤を外した時。大学、社会人の即戦力投手を指名する。
④	大学、社会人の即戦力投手が獲れなかったら、高校生ＮＯ１の山田を選択する。
⑤	この年の１位は、斎藤をくじで外し、塩見もくじで外し、山田をくじで引き当てて獲得した。

契約金の交渉も大変

　ドラフトで指名に成功すればスカウトの仕事は終わり。というわけではありません。むしろ、ここからが大変です。契約金、年俸の交渉が待っています。

　2020年現在は、上限が契約金1億円。これに最大5000万円の出来高払いが選手によってつけられます。1年目の年俸1600万円に上限が定められています。しかし1位指名なら〝満額〟を手にできるわけではありません。

　ヤクルトなら石川雅規投手や、4球団が競合した由規投手は上限いっぱいを提示しました。2019年のドラフトで4球団が競合した星稜高の奥川恭伸投手は、ヤクルトでは久々の満額だそうです。

　高校生や、外れ1位は、出来高をつけないことや、契約金がやや下がることになります。また一般サラリーマンの方が大卒と高卒で初任給が違うように、野球選手も高卒の選手と、大卒、社会人出の選手で違います。

　野球選手は退職金がないので、それを契約金として先にもらうという考え方もあり、親御さんとしては少しでも多くもらっておきたい。もちろん球団は経営を考えれば、人件費は安くしたい。少しでも契約金、年俸を安く抑えたいというのが本音なので、難航することもあります。

まず、ドラフト会議から数日後に、学校や会社へ出向き、指名あいさつを行います。そして、2度目に選手の地元のホテルで、本人、両親と仮契約を行い、条件を提示するという流れになります。現在は、仮契約の席に学校の監督や先生は入れません。

仮契約の時は、事前に〝幅〟を決めていきます。例えば高卒の外れ1位だと契約金7000万円前後。年俸は700万円前後。大卒・社会人出の2位指名なら、契約金は8000万円前後。年俸は大卒・社会人出なら1200万円前後で、そこから順位とともに徐々に下がっていきます。事前にいくらまでなら払ってもいいと球団上層部と取り決めるのですが、難航しそうな時は「幅の一番上になるかもしれません」と了解を得てから提示します。

中には「そんな金額では契約しない」と、ゴネて法外な金額を要求してくる親御さんもいました。私もカッとして「それなら、この話はなかったことにしましょう」と席を立ったこともありました。もっとも、私は入団拒否をされたことはありません。最終的には折り合いをつけることになります。

指名あいさつや仮契約には、地元のテレビ局や新聞記者も取材に来ますが、何事もなかったかのように対応します。頭にきて本当のことを話そうかと思ったこともありますが、入団した選手のイメージが悪くなってしまうので、そういうわけにもいきません。契約金でモメた時は、いい背番号を提示して、納得してもらうこともありました。

近年は高校も大学も日本代表チームがあり、選手同士は仲がいい。例えば、契約金を提示して、「同じ順位なのに巨人より安い」なんてことも起こります。そこで水面下でスカウト同士も連絡を取り合います。「うちは、これしか出せないから、低めに発表してくれ」と頼み、すり合わせたことや、その学校のOBに、監督に連絡をしてもらい、「相場はこれくらいだから」と耳に入れて、交渉がスムーズにいくようにしたこともありました。

出来高払いは投手なら、試合数、イニング数、勝利数など。野手なら試合数、打率、出塁率などで、定められた条件をクリアすると支払われます。

これも、1年間一軍にいれば、1000万円は獲れるように設定されることもあれば、球団幹部にとってはとてもクリアできないような高いノルマを授けることもあり、決まったものはありません。

ある投手は「10勝で出来高」の項目があったのですが、リリーフが打たれて勝ち星が消えてしまった試合があり、2桁に届かなかった。すると所属していたチームの監督が「10勝に値するから、出来高を払ってもらえないか」と要望してきました。私も払ってあげてもいいのではないかと思うような活躍でしたが、球団上層部は認めませんでした。その辺はシビアです。

12月に入ると入団発表が行われ、以前は親会社の本社。10年ほど前からは、ファンを招いてお披露目。監督を交えた食事会もあります。

親御さんは息子の晴れ舞台をみたい。ご両親や兄弟姉妹まではいいのですが、以前ある

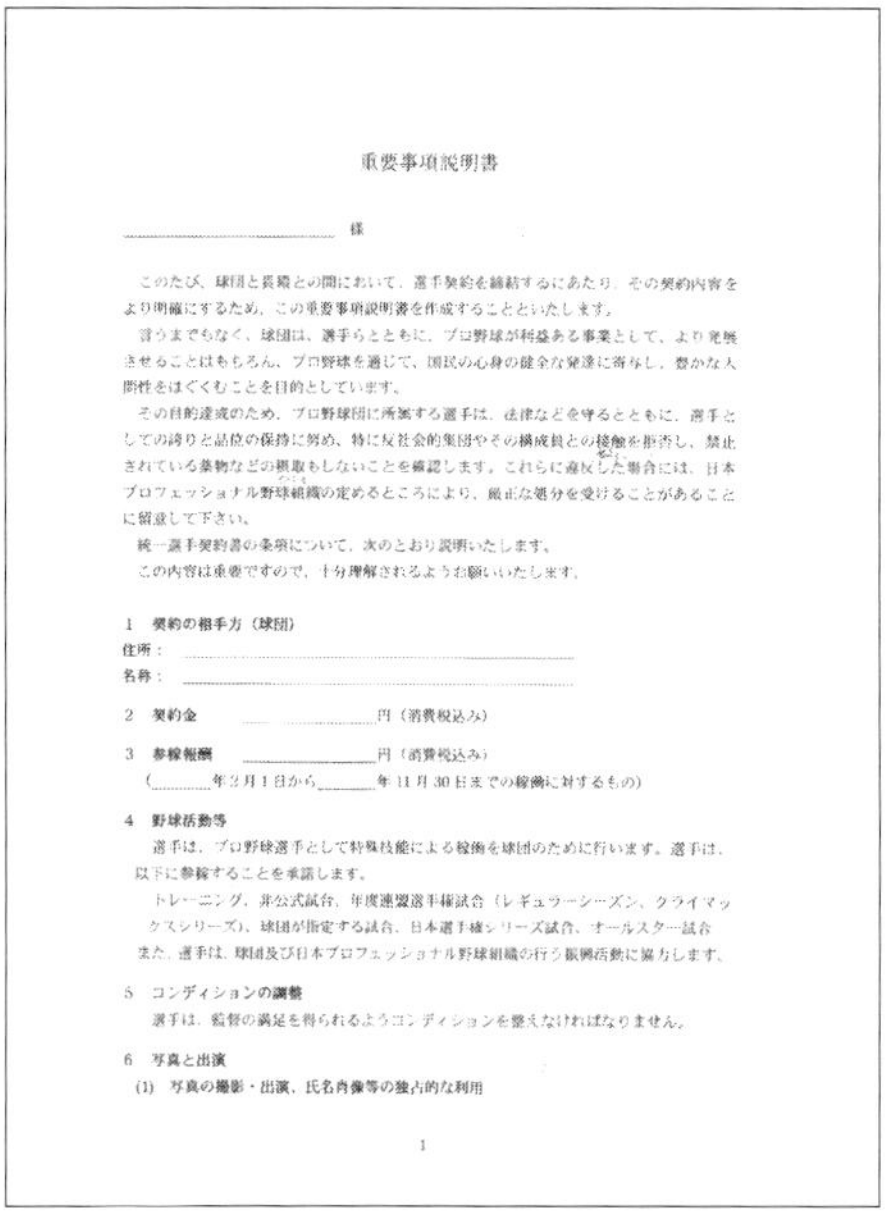

重要事項説明書

＿＿＿＿＿＿＿＿＿＿ 様

このたび、球団と貴殿との間において、選手契約を締結するにあたり、その契約内容をより明確にするため、この重要事項説明書を作成することといたします。

言うまでもなく、球団は、選手らとともに、プロ野球が利益ある事業として、より発展させることはもちろん、プロ野球を通じて、国民の心身の健全な発達に寄与し、豊かな人間性をはぐくむことを目的としています。

その目的達成のため、プロ野球団に所属する選手は、法律などを守るとともに、選手としての誇りと品位の保持に努め、特に反社会的集団やその構成員との接触を拒否し、禁止されている薬物などの摂取もしないことを確認します。これらに違反した場合には、日本プロフェッショナル野球組織の定めるところにより、厳正な処分を受けることがあることに留意して下さい。

統一選手契約書の条項について、次のとおり説明いたします。

この内容は重要ですので、十分理解されるようお願いいたします。

1　契約の相手方（球団）

住所：＿＿＿＿＿＿＿＿

名称：＿＿＿＿＿＿＿＿

2　契約金　＿＿＿＿＿＿円（消費税込み）

3　参稼報酬　＿＿＿＿＿＿円（消費税込み）

（＿＿＿＿年2月1日から＿＿＿＿年11月30日までの稼働に対するもの）

4　野球活動等

選手は、プロ野球選手として特殊技能による稼働を球団のために行います。選手は、以下に参稼することを承諾します。

トレーニング、非公式試合、年度連盟選手権試合（レギュラーシーズン、クライマックスシリーズ）、球団が指定する試合、日本選手権シリーズ試合、オールスター試合

また、選手は、球団及び日本プロフェッショナル野球組織の行う振興活動に協力します。

5　コンディションの調整

選手は、監督の満足を得られるようコンディションを整えなければなりません。

6　写真と出演

(1)　写真の撮影・出演、氏名肖像等の独占的な利用

1

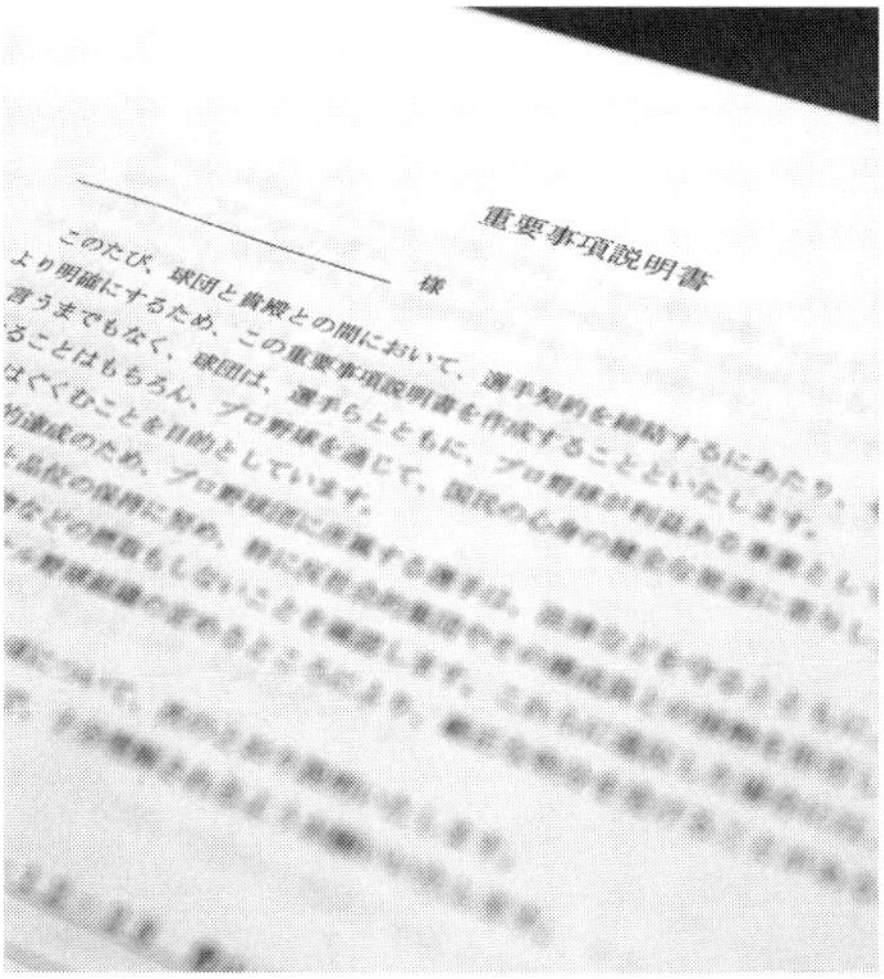

契約金、年俸、肖像権、トレード、球団の許可がないとできないことなどを十分に説明し、理解させたうえでサインをもらう

選手は、福岡から祖父母や親せきを含め、一族でやってきたこともありました。気持ちはわかりますが、「飛行機代や宿泊代、食事代も球団が出すことになるので、あまり人数が多いと困ります。それ以降はご両親など人数を厳選するようになりました。

仮契約を終えて、入団発表前に正式契約。これで晴れてプロ野球選手が誕生となります。

東京ヤクルトスワローズ入団発表スケジュール

		選手の行動予定	選手名（敬称略）	球団担当者
12/11（水）	8:40	慶応病院にて健康診断（ロビー集合）	杉浦、西浦、秋吉	中田スカウト、[illegible]スカウト
	〜	[illegible]	岩橋、児山、藤井	[illegible]スカウト
	12:00	東京プリンスホテル 集合	選手全員およびご家族	スカウト全員
		※[illegible]		
	13:30	本契約・説明会のためホテル出発	選手全員およびご家族	スカウト全員
	14:00	本契約 （ヤクルト球団にて）	選手全員およびご家族	[illegible]
	〜		（杉浦→西浦→秋吉→岩橋、	[illegible]
			児山→藤井）	[illegible]チーフスカウト
	15:00	説明会	選手全員およびご家族	[illegible]スカウト
	〜	○[illegible]について		[illegible]
				[illegible]
	18:00	会食 （1F [illegible]にて）	選手全員およびご家族	
（12/12木）	8:00	スワローズ戸田寮・球場見学のためホテル出発	ご家族全員	[illegible]スカウト
		（バスにて移動 見学終了後 ヤクルト本社へ）		[illegible]
	9:30	ホテル出発 ヤクルト本社へ移動	杉浦、西浦、秋吉	[illegible]スカウト
			岩橋、児山、藤井	[illegible]スカウト
	10:00	ユニホーム採寸および用具打合せ	選手全員（5階）	[illegible]
	12:00	昼食 大会議室にて	選手およびご家族	[illegible]
				[illegible]
				[illegible]
	13:00	写真撮影	選手およびご家族	[illegible]スカウト
	14:00	オーナー挨拶（ヤクルト本社16F）	選手全員	[illegible]スカウト
	〜		（ご家族は控室にて待機）	
	14:30	説明会（ヤクルト本社6F会議室）	選手およびご家族	[illegible]スカウト
		○オフのトレーニングについて		[illegible]コンディショニング
		○イベント説明		[illegible]
	15:20	ヤクルトホールへ移動	選手およびご家族	スカウト全員
	15:30	入団発表（ヤクルトホール）	選手全員	
			（ご家族は客席にて）	
	17:00	会食（ヤクルト本社8F [illegible]）	選手およびご家族	球団関係者
		会食終了後 解散		[illegible]

※ 当日は印鑑・[illegible]を必ずお持ちください。

（お問合せ先）
株式会社 ヤクルト球団
東京都港区[illegible]
TEL 03－[illegible]
FAX 03－[illegible]
【担当者】 編成部スカウト担当 [illegible]

入団発表のスケジュール

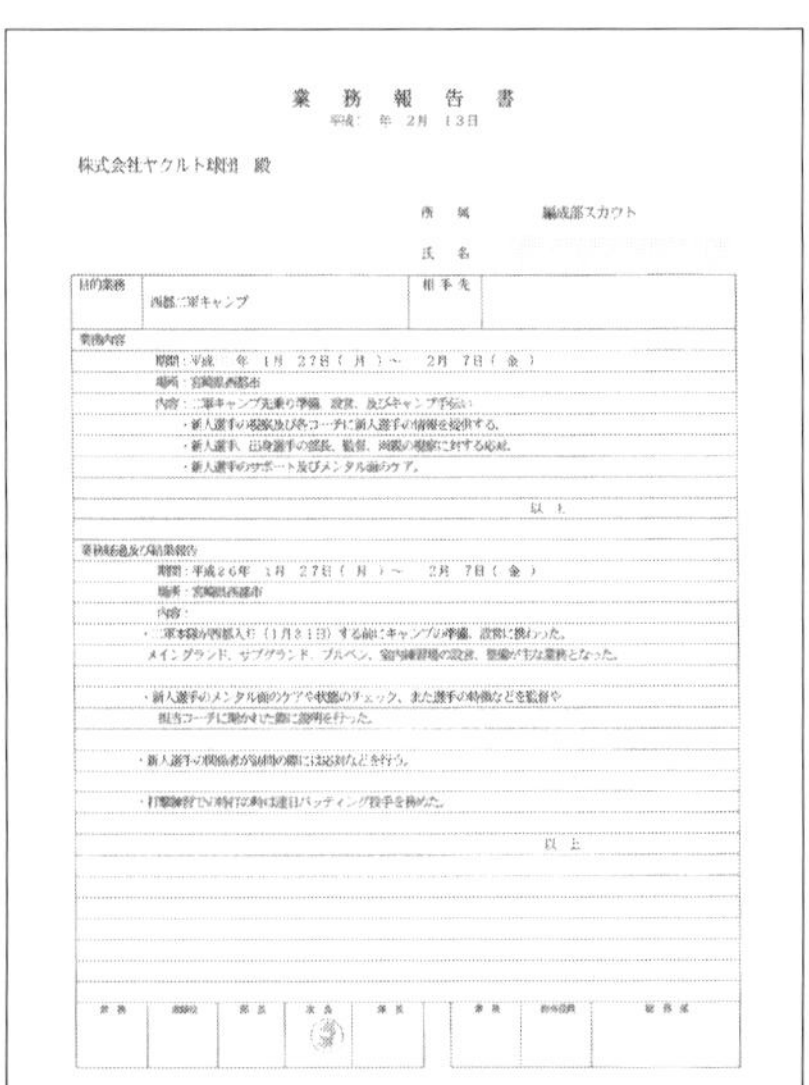

業　務　報　告　書

平成　年　2月　13日

株式会社ヤクルト球団　殿

所　属　　編成部スカウト

氏　名

目的業務	西都二軍キャンプ	相手先	

業務内容

期間：平成　年　1月　27日（月）～　2月　7日（金）

場所：宮崎県西都市

内容：二軍キャンプ先乗り準備、設営、及びキャンプ手伝い

・新人選手の[illegible]及び各コーチに新人選手の情報を提供する。

・新人選手、出身選手の[illegible]、監督、[illegible]に対する応対。

・新人選手のサポート及びメンタル面のケア。

以上

業務経過及び結果報告

期間：平成26年　1月　27日（月）～　2月　7日（金）

場所：宮崎県西都市

内容：

・二軍本隊が西都入り（1月31日）する前にキャンプの準備、設営に携わった。

メイングランド、サブグランド、ブルペン、室内練習場の設営、整備が主な業務となった。

・新人選手のメンタル面のケアや状態のチェック、また選手の特徴などを監督や担当コーチに聞かれた際に説明を行った。

・新人選手の関係者が[illegible]の際には応対などを行う。

・打撃練習での[illegible]には連日バッティング投手を務めた。

以上

スカウトは選手の入団後もサポートし、メンタル面などのケアを行う

育成選手は倍の練習では差は縮まらない

現在のドラフトは支配下選手と、育成選手にわかれます。育成選手は背番号も3桁で、給料も安い。二軍の試合しか出場できません。支配下選手になり、一軍の選手として活躍するためには、猛練習し、努力するしかありません。

ところが、中には「プロ野球選手になることと」、「ユニフォームを着ること」が目標で、「いつか一軍に上がれるだろう」という甘い考えの選手もいました。そういう選手は、全体練習が終わるとさっさと引き上げてしまいます。それでは、支配下選手に追いつくことはできません。

二軍選手は人の倍は練習しなければ、一軍に上がれない。育成選手は二軍選手の下に位置するのだから、さらにその倍はやらないと、差は縮まりません。

私が九州担当時代によく見ていた前田智徳（広島１９８９年ドラフト４位）は、プロ入りすると夜中に起きてスイングをすることや、室内練習場に行って、打撃マシンの球を朝まで打ち込んでいたという話を聞いたことがあります。

　下位指名から名球会に入るほどの選手になったのは、猛練習があったからこそ。これを聞いた時に、名を残すような選手になると、やはり違うなと感心したものです。

　いい選手ほど、シーズンが終わると「来年は打てるかな」と恐怖感を持つそうです。3割打つ選手でも苦労して、努力を惜しまない。だから、もっと大きいものを得ることができます。

　高卒の選手は、3年間毎日素振りを1000回してもらいたい。夜に出掛けるなら、素振りをしてから行ってもらいたい。寝る間も惜しんで練習するようでなければ、一軍の舞台には立てません。

育成選手の背番号は3桁

第10条　（育成選手の在籍期間）
育成選手として入団後3年間（3シーズン）育成選手として在籍をした者が、当該球団から翌年度の支配下選手として選手契約を締結されない場合（原則として10月末日までにその旨本人に通告するとともに開示手続きをとる。）には、11月末日をもって自動的に自由契約選手となる。

育成選手は3年で自動的に契約解除になる

第4章 スカウト活動の裏話②

松岡健一《まつおかけんいち》

上手くいった松岡健一の逆指名

２００４年ドラフト

２００４年に私はチーフスカウトになりました。球団の役職は課長。しかし課長でチーフスカウトになった例は、それまでのヤクルトではなかった。しかも私は高卒。チーフスカウト以上はみんな大卒で、私はチーフにはなれないと思っていました。

前年の２００３年にスカウト部長になった小田義人さんが、球団上層部に強く働きかけてくれたようです。普通のスカウトでは会議でも、なかなか意見を言えないものですが、チーフスカウトになれば権限があるので、発言力は増します。それまでは獲得をしたくても遠慮していたこともありましたが、チーフになってからは、いいと思う選手は積極的に進言するようになりました。

その年のドラフト前に激震が起こります。

明大の一場靖弘投手に巨人、阪神、横浜（現ＤｅＮＡ）が野球協約に違反し、金銭授受していたことが発覚。各球団のオーナーが辞任する大問題となりました。

ヤクルトも一場のところへ行ったことがあります。以前から熱心に動いていた球団があったため、いい返事はもらえませんでした。一場はできたばかりの楽天に入団。２００９年の開幕直前にヤクルトへトレードでやってきましたが、その年に1勝を挙げただけで、3年目の11年オフに戦力外になりました。

２００４年に自由枠で指名したのは、早大の田中浩康内野手と九州東海大の松岡健一投手です。

田中は早大1年春の開幕戦からセカンドで出場し、４年秋の法大戦で死球を受け骨折するまで全イニングに出場したタフな選手です。大学時代は、1学年上の青木と1、２番コンビを組み活躍しました。４年時には主将でリーダーシップもあり内野ならどこでも守れる選手です。

田中は早くから自由枠で指名することが決まっていました。２人目を誰にするか、何人かの候補に絞り調整していたところに松岡の話が飛び込んできました。

松岡は、何度も試合や練習を見ていますが、コントロールが良くフォークもあります。ストレートも変化球も低めにきっちり放れるピッチャーです。是非ともヤクルトに欲しいと思っていました。

松岡は九州の社会人チームに進むことが決まっていましたが、事情が変わりました。その話を耳にして、すぐに熊本へ飛び、条件を提示しました。

本人や両親と会い、帰り際に「なるべく早く、結論をお願いします」と言ったのですが、別の上位指名候補の選手が獲れる可能性が出てきました。そこで翌朝、担当スカウトに、こちらの考えを伝えさせると、「その条件でお願いします」と提示した条件で入団が決まりました。

松岡は「プロに行きたい」と進路を変えていたので、長引かせてしまったら、他球団が割り込んできて終わりだと思ったので、結果的に上手くいきました。

14年間中継ぎで活躍し、2018年限りで引退。2019年から二軍投手コーチとして選手育成に携わっています。ルーキーのときには、いろいろな面で苦労したこともあったので、若い選手の気持ちがわかる、いいコーチになってくれると思います。

2004年のドラフト

阪神が自由枠で能見篤史投手（大阪ガス）を獲得、8位でドラフト史上初めてとなる15歳の辻本賢人投手（マタデーハイスクール）を指名した。巨人が4位で亀井義行外野手（中央大）、オリックスが自由枠で金子千尋投手（トヨタ自動車）、日本ハムが1位でダルビッシュ有投手（東北高）、西武が自由枠で涌井秀章投手（横浜高）、3位で片岡易之内野手（東京ガス）、楽天が7位で平石洋介外野手（トヨタ自動車）を獲得した。

アマチュア時代の

松岡健一

熊本県玉名市出身。小学3年から野球クラブに入り野球を始めた。最初のポジションはキャッチャーだったが肩が強かったので5年の頃にピッチャーに転向した。この頃から松岡は大きな夢に向かって毎日ランニングを続けた。

玉名中学ではピッチャーとして活躍した。

高校で甲子園に行くことを目標に、県内で一番の強豪である熊本工業高校に進みたかったが、先輩がいる東海第二高校（現在の東海大熊本星翔高校）の試合を見に行くうちに、誘われて東海第二高校への進学を決めた。

高校では寮生活で野球漬けの毎日だった。甲子園を目指す松岡にとっては野球に没頭できる充実した日々だった。松岡は順調に成長し、140キロを超えるストレートを投げられるようになりエースとなった。

3年最後の夏に甲子園行きをかけて熊本県予選に臨んだが、実力を出し切れず3回戦で敗れ、甲子園への夢は断たれた。

大学は地元の九州東海大（現東海大学九州キャンパス）へ進学した。大学では、1年の夏からベンチ入りしエース候補として期待された。3年の秋にエースになり、145キロ超のストレートとカーブ、スライダーが武器の本格派として注目を集めた。

秋季中九州リーグで、MVP、九州地区大学選手権でチームを優勝に導き、全日本大学野球選手権大会でもベスト8に入りチームに貢献した。

卒業時にはヤクルトのほか6球団が興味を持った。

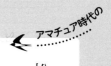

2005年ドラフト

村中恭兵《むらなかきょうへい》

衝撃を受けた村中恭兵と評価の低かった川端慎吾

もっとすごい投手になってもいい素材だった大器の1人が、2005年の高校生ドラフト1位・村中恭兵（東海大甲府）です。

初めて見たときは「こんな投手がいるのか」と衝撃を受け、すぐに帰京することを決断しました。東海大甲府の村中秀人監督に「泊まっていくんじゃなかったんですか？」と聞かれましたが「こんなすごいものを見せられたら球団に報告しないわけにはいけません」と予定を変更したほどでした。

ブルペンで見た村中は、上背があり、角度があって、スピードも出ていました。150キロ近く出ていると感じました。性格的にも無口で浮ついていなく、しっかりしていました。そういう中で心に秘めた大きなものがあることがひしひしと伝わってきました。これは、石井一久や川崎憲次郎と同等だと評価しました。

村中は通算46勝。10、12年に2ケタ勝利を挙げるなど、一時期はエース級といえる活躍をしたものの、伸び悩んでしまいました。

私たちは光るであろう原石を現場に預け、いいところをきれいに磨いてくださいという仕事です。

スカウトは「こんないいところがあるから、そこを伸ばしてくれ」と考えます。ところが、コーチは全部が全部とは言いませんが、悪いところを直して試合で結果を出させようとするのです。

だから、コーチとスカウトは話がかみ合わないことが多い。そうならないよう、西武は根本陸夫さん（元管理部長）の発案で、コーチにはスカウトを経験させています。

村中は2019年限りでヤクルトを戦力外になり、オフはニュージーランドでプレー。2020年は沖縄初のプロ球団、琉球ブルーオーシャンズで現役を続けることになりました。

高校生ドラフトの3位は市和歌山商の川端慎吾内野手。甲子園は2年夏、3年春の選抜に出場していたのですが、なぜか評価が高くなかったのです。

3年夏は県大会で敗れましたが、高校の日本代表に選ばれました。普通は甲子園出場組から選ばれるもので、これは余程のことです。

アジア野球選手権でも打ちまくり、ベストナインを獲得。当時はショートを守っていて、足は特別速くはないものの、三拍子揃っている。私は「何でこんなに評価が低いんですか？　獲らないとダメな選手だと思います」と上司に獲得を進言しました。市和歌山商の先輩で阪神の監督を務め、名球会にも入っているショートで左打ちの巧打者、藤田平さんとイメージが重なったのです。

読みどおり、川端は1年目から一軍に昇格。ポジションは三塁にコンバートされ、2015年には超攻撃型2番として打率3割3分6厘で首位打者を獲得し、14年ぶりのリーグ優勝に大きく貢献してくれました。

腰のケガなど故障が多いものの2019年には通算1000安打を達成。32歳でまだまだ老け込む歳ではないだけに故障を治してもう一花咲かせてもらいたいものです。

2005年のドラフト

2005年ののドラフト会議は、指名候補選手を「高校生」と「大学生・社会人」の2部に分けた。「高校生」が10月3日、「大学生・社会人」が11月18日に開催された。高校生ドラフトではヤクルトは高校生1位で村中恭兵投手（東海大甲府高）、3位で川端慎吾内野手（市和歌山商高）、横浜は高校生1位で山口俊投手（柳ヶ浦高）、巨人は1位で辻内崇伸投手（大阪桐蔭高）、4位福井優也投手（済美高）、福井は入団拒否、育成1位で山口鉄也投手（横浜商高卒）、西武は高校生1位で炭谷銀仁朗捕手（平安高）を指名した。大学生・社会人ドラフトではソフトバンクは希望枠で松田宣浩内野手（亜細亜大）、5位で本多雄一内野手（三菱重工名古屋）、中日は希望枠で吉見一起投手（トヨタ自動車）、日本ハムは4位で武田勝投手（シダックス）、オリックスは希望枠で平野佳寿投手（京都産業大）を指名し獲得した。

アマチュア時代の

村中恭兵

神奈川県愛甲郡出身。小学校２年の時に少年野球チームに入り野球を始めた。小学生時代は一塁手だった。

中学時代は硬式野球チームの相模原南シニアに所属。シニアではピッチャーとファーストで出場したが、特に目立った記録は残せていない。

小学時代も中学時代も強いチームではなかったので上位大会には進めなかった。

高校は誘われて東海大甲府高校に進学。東海大甲府高校は、１年の夏に甲子園に出場、村中はベンチ入りできたが出場のチャンスはなかった。

東海大甲府高校は２年の夏にも連続で甲子園出場を果たした。しかし、村中は故障のためベンチにも入れなかった。

走り込みと地道な努力で、最上級生になった２年の秋にエースとなり甲子園を目指した。

この年の、秋の国体の東北高校戦で１４０キロを超えるストレートを連発すると一気にプロから注目を浴びるようになった。

エースとして迎えた３年の夏、３回戦で日本航空高校に敗れ甲子園への夢は断たれた。これで一度も甲子園のマウンドを踏むことなく村中の夏は終わった。

１８６センチの長身から投げ下ろす大型左腕は、１４５キロを超えるストレートにフォークがあり、コントロールも良い。

プロからすればたいへん魅力的な投手で12球団から希望調査票が届いたほど。

特にヤクルトスワローズは、柔らかく鋭い腕の振りなど、高い潜在能力を評価していた。

田中将大《たなかまさひろ》

田中将大回避で増渕竜義指名の裏事情

2006年ドラフト

2006年の高校生ドラフトは、「ハンカチ王子」として話題になった夏の甲子園の優勝投手、早実・斎藤佑樹を始め好投手がそろいました。

斎藤は早々と早大進学を表明。ヤクルトは鷲宮高の増渕竜義投手と、駒大苫小牧高の田中将大投手のどちらを1位にするかで割れ、スカウト7人で多数決をとって決めました。

増渕は甲子園出場の経験はなかったものの、140キロ後半の威力のある真っすぐと、鋭いスライダーが武器。いいものを持っていたので、増渕を強く推すスカウトもいました。

投票の結果は僅差で増渕。ただ、純粋に力を評価すれば、やはり夏の甲子園で斎藤と投げ合いを演じた田中が上でした。チーフスカウトの私が田中の担当も兼ねていたのですが、素行面などであまりいい話が入ってこなかったこともありました。

田中は横浜（現ＤｅＮＡ）、オリックス、日本ハムと4競合となり、楽天に入団。プロ入り後の活躍は、今さら説明するまでもないでしょう。1年目に11勝で新人王を獲得し、素行や練習態度も素晴らしいものでした。

今思うとマイナス材料をわざと耳に入れて、ヤクルトに手を引かせる作戦だったのかもしれません。

他の選手でもドラフトの前に、指名をさせないように怪文書が送られてくることや、指名拒否を伝えるＦＡＸが流れてくることがありました。

増渕は西武との競合となり、古田敦也監督が当たりくじを引きました。２０１０年には中継ぎで57試合、12年には49試合に登板。活躍した時期もありましたが、15年の開幕直後に日本ハムへトレード。翌年戦力外になりました。

翌07年にも、佐藤由規投手（仙台育英高）と唐川侑己投手（成田高）でスカウトの意見は真っ二つ。このときは話し合いで由規を指名することで決まりました。

由規は楽天、横浜、中日、巨人と5球団競合となり、すでに辞任が決まった古田監督が、またも当たりを引き当て、前年の増渕に続いて強運ぶりを発揮してくれました。

アマチュア時代の

田中将大

兵庫県伊丹市出身。小学1年の時に野球を始めた。小学時代は捕手で坂本勇人とバッテリーを組んでいた。

中学は宝塚ボーイズで硬式野球を始める。ピッチャーもやるようになり、ここでの経験が一流ピッチャーの基礎となった。

技術以上に意識の持ち方や状況判断など頭を使うことが重要だということを知った。投打に活躍し、関西南選抜チームに選出されるほどに成長した。

高校は北海道の駒澤大学苫小牧高校に進学。1年秋の明治神宮大会は正捕手としてもピッチャーとしても出場。

1回戦の新田高校戦ではキャッチャー、準々決勝の羽黒高校戦ではピッチャーで出場している。

2年夏の甲子園大会では25回3分の2を投げ優勝。この時、球速は既に150キロを超えていた。アジア大会の日本代表にも2年生で選出され優勝。

秋の北海道大会で優勝、明治神宮大会でも優勝し、3年春のセンバツの優勝候補だったが部員の不祥事で春の甲子園には出場できなかった。

3連覇がかかった夏の甲子園では決勝に進み、早稲田実業高校と戦い延長15回引き分け再試合。再試合は3対4で敗れ3連覇はならなかった。

高校時代の公式戦通算成績は57試合の登板で35勝3敗、329回3分の2を投げ、防御率1・31、奪三振数は横浜高校の松坂大輔を上回る458奪三振。

NO1ピッチャーと評価されドラフト1位候補となった。

加藤幹典《かとうみきのり》

10年に1人の逸材が活躍できない理由

２００７年ドラフト

よく「10年に１人」といわれる選手が出てきますが、そういう選手ほどプロに入って結果を残せずに終わることが多いものです。２００７年の大学・社会人ドラフトで６球団が競合しソフトバンクに入団した東洋大の大場翔太投手が代表例といえるでしょう。私たちはそんなとき、「水が合わないんだろうな」と言うものです。やはり環境などを含めて合う、合わないがあります。ソフトバンクでは８年間で15勝と大きな期待ほどの活躍ができず、９年目に中日へトレードされましたが、その頃には旬は過ぎていました。

この年、ヤクルトは慶大の左腕・加藤幹典投手を１本釣りしました。加藤を始めて見たのは神奈川・川和高のとき。城郷高の吉田幸央投手（２００３年ドラフト５位）の試合を見に行ったときの対戦相手で「この投手もすごいな」と強烈な印象が残りました。

その後、慶大に進学し、東京六大学で30勝。一般受験で慶大に入学した頭のよさもあり獲得しましたが、3年目の10年にプロ初勝利も、5年間でその1勝に終わりました。

スカウトは「どれか1ついいところがあればいい」と考えて獲得します。高橋由伸のような三拍子揃った選手は、何人に1人しか現れません。ところが心技体の1つ1つではなく、3つが兼ね備わって、バランスよく成長していかないと、プロでは大成しない。どれかが欠けると、レギュラーにはなれないということだと思います。

この年の開幕前に、西武のスカウトが2選手に「栄養費」として金銭を渡したことが発覚し、その年の高校生ドラフト上位2人の指名を辞退することになりました。

そして翌年から、逆指名制度が廃止。1巡目は抽選のドラフトに戻ることになります。

2007年のドラフト

高校性ドラフトでヤクルトは1位で佐藤由規投手（仙台育英高）、広島は2位で安部友裕内野手（福岡工大城東高）、3位で丸佳浩外野手（千葉経大付高）、ソフトバンクは1位で岩嵜翔投手（市船橋高）、3位で中村晃外野手（帝京高）、ロッテは1位で唐川侑己投手（成田高）、日本ハムは1位で中田翔外野手（大阪桐蔭高）を指名し獲得している。大学・社会人ドラフトでは自由枠が廃止され入札抽選制度が復活した。広島は4位で松山竜平外野手（九州国際大）、ソフトバンクは1位で大場翔太投手（東洋大）を指名し獲得している

アマチュア時代の

加藤幹典

神奈川県横浜市出身。小学1年の時、兄の影響で少年野球チームに入り野球を始めた。小学生のころからプロになると決めていたので目指すはプロで甲子園ではなかった。

中学では軟式野球部に所属。投手として注目されていたが、チームは勝ち進めず輝かしい成績はない。高校は多くの有名私立校から勧誘があったが、県立川和高校の監督から私が育てると言われ進学を決めた。

高校進学後は打倒私学で頑張り、1年の秋季県大会からエースピッチャーとなった。その後、加藤は強豪の東海大相模高校を破るほど成長した。それでも、甲子園にはまったく届かなかった。高校卒業時にはプロからも誘いがあったが大学に進学することを決め慶応大学に進学した。

慶応大学に進学した加藤は1年の秋から主戦投手となり、5勝を記録し優勝に大きく貢献。防御率も1・07と抜群の成績で、最優秀防御率とベストナインを受賞した。

明治神宮大会にも出場し決勝まで進んだが、決勝で敗れ準優勝に終わった。

4年時には１５０キロ前後のストレートが投げられるようになり、キレのあるスライダーとのコンビネーションで思うように三振が取れるピッチャーになった。リーグ通算64試合に登板し、30勝17敗、防御率2・14。

慶応大学野球部史上最多の３７１奪三振を記録した。

卒業時には、ドラフト1位間違いなしの全球団からマークされるピッチャーとなった。

2008年ドラフト

赤川克紀《あかがわかつき》

10年は安泰だと思ったドラ1四兄弟

2008年は宮崎商で夏の甲子園に出場した左腕・赤川克紀投手を獲得。11年には村中恭兵（2005年高校生ドラフト1位）、増渕竜義（2006年高校生ドラフト1位）、由規（2010年1位）と赤川が活躍し「ドラ1四兄弟」と売り出された時期もありました。

私は四兄弟が揃ったときに「核になる選手ができた。10年は安泰だ」と思ったものです。私の頭の中には、巨人の桑田真澄、斎藤雅樹、槙原寛己の三本柱がありました。3人とも高卒で、長い間活躍。あれを夢見ました。

4人いれば、あとのローテは組み合わせていけば、何とでもなるし、ドラフトでも思い切った指名ができます。ところが四兄弟は長続きしなかった。

赤川は3年目の11年に6勝、12年に8勝しましたが、その後は勝つことができず。7年で戦力外になりました。

私の持論は、高校生を取ってきてエースに育てる。打撃は水物なので、いい投手が出てきたら簡単に打てません。理想は右、左のダブルエース。これが順調にいけば、10年から15年は困りません。これができないから、どのチームも困っています。

進学と迷っている両親には「おたくの子は200勝できる投手です。4年間大学に行っていたら170勝で終わってしまいます。200勝できる可能性があるんだから、うちに来て下さい」と口説きます。打者なら2000本です。

そのレベルまで達していない高校生には「プロに来るよりも、大学で勉強した方が、もっと大きく育ちますよ。そのときにもう1回チャレンジしてください」と進学を進めたこともあります。

2008年のドラフト

2008年度から高校生と大学生・社会人の分離ドラフト制度が撤廃され、高校生・大学生・社会人が同じ条件で指名されるドラフトとなった。ヤクルトは1位で赤川克紀投手（宮崎商）、3位で中村悠平捕手（福井商）、巨人は1位で大田泰示内野手（東海大相模）、ソフトバンクは5位で摂津正投手（JR東日本東北）、オリックスは3位で西勇輝投手（菰野）、西武は3位で浅村栄斗内野手（大阪桐蔭）を指名し獲得した。ロッテは2位で長野久義外野手（ホンダ）を指名したが入団拒否。メジャー挑戦を表明した田沢純一投手（新日本石油ENEOS）のドラフト指名はなかった。

アマチュア時代の

赤川克紀

小学2年からソフトボールを始めた。

中学時代は軟式野球部に所属しファースト兼ピッチャー。

バッティングが良く4番打者として宮崎県大会で優勝し九州大会に出場した。

高校は宮崎商業高校に進学。ピッチャーとして1年の夏から公式戦に出場。新チームとなった1年秋にはエースとして宮崎県大会に出場し、4試合で30イニング連続無失点、防御率0・00、46奪三振の好成績を残し優勝した。

九州大会では初戦敗退で2年春のセンバツには出場できなかった。この時点でプロのスカウトから注目され始めた。

3年夏の宮崎県予選では36回3分の2を投げ39奪三振を奪い優勝、念願の甲子園出場を決めた。

予選で引き分け再試合となった準決勝、都城東戦では延長15回4安打1失点、193球の力投を見せ、大会タイの17奪三振を奪った。

甲子園の1回戦では熊本の城北高校を8回1失点に抑え勝ったが、2回戦の鹿児島実業高校戦で延長12回、1対4で敗れた。

大会後、全日本選抜に選出されブラジル遠征に参加した。

184センチ87キロの恵まれた体から投げ下ろす角度のある145キロ前後のストレートと120キロ前後のスライダーが魅力で90キロ台のカーブもある。

肩やヒジが柔らかくコントロールもある大型左腕には全12球団から調査書が届き、ヤクルト、ロッテなど複数球団がドラフト1位候補として名乗りを上げていた。

中村悠平《なかむらゆうへい》

2008年ドラフト

正捕手が固定できず中村悠平獲得を強く訴えた

この年に3位指名した福井商・中村悠平捕手も、私がかなり強く獲得を勧めました。2年夏、3年夏と2年連続で甲子園に出場。肩が強く、打撃もしっかり打っていた。ところが、担当スカウトはあまり評価をしていなかったようで、「どこがダメで獲らないんだろう?」と首を傾《かし》げたほどでした。

何より当時のヤクルトは捕手が固定できなかった。長年チームを支えた古田敦也が兼任監督を務めてたものの、後継者を育てることができなかった。

ポスト古田として期待されたのが、1999年ドラフト3位で北照高から入団した米野智人捕手。私が担当スカウトで獲ってきた選手でした。

順調に成長し古田監督1年目の2006

年には116試合に出場。ところが古田監督の厳しい指導と高い要求に、応えることができませんでした。

2007年は32試合の出場にとどまり、2010年のシーズン途中に西武へトレードされてしまいました。

間違いなく古田の後釜になれると思っていただけに、とても残念でした。

そこに出現したのが中村です。私が「絶対に獲らなければいけない」と訴えたことで、話が進みました。

キャッチャーを取る際に、私は元監督の野村克也さんの「教え」を参考にしています。野村さんは「キャッチャーは黒子に徹し、甲は人に譲るようでなければいけない。ピッチャーよりも目立つようではダメだ」と常々口にしていました。

実際にアピールしているようなキャッチャーは、プロに入っても大成しないことが多い印象があります。

2010年にFAで横浜(現DeNA)から相川亮二捕手が加入しましたが、中村は2012年には91試合に出場し、レギュラーを奪いました。

2015年には最多の136試合に出場し、ベストナインとゴールデングラブ賞を獲得する活躍をみせ、14年ぶりのリーグ優勝に貢献しました。

2020年でまだ30歳。これからさらにチームの要として、やってくれるはずです。

アマチュア時代の

中村悠平

福井県大野市生まれ。小学5年の時に少年野球チームに入り野球を始めた。小学5年の夏からキャッチャーになり、それ以来キャッチャー一筋、他のポジションはやったことがない。

中学時代は軟式野球部に所属し、3年の時に県選抜チームの福井クラブで全国大会に出場し活躍した。

高校は、福井商業高校に進学し、1年の秋から正捕手となった。

2年の夏に甲子園に出場したが初戦で敗退。7番捕手で出場し、ノーヒット2三振だった。3年になると178センチ72キロと体も大きくなり、遠投は100メートルを越えた。捕球してから二塁までのタイムも1・80秒を記録した。バッティング技術も向上し4番を任されるようになった。

3年夏の福井予選では5割以上を打ってチームの優勝に貢献し、甲子園出場を決めた。甲子園では1回戦で酒田南高校に勝って2回戦に進出したが、2回戦で仙台育英高校に敗れた。

逆方向へ強く打てるバッティング技術と勝負強さがあり、高校通算20本塁打の長打力に50メートル6秒1の俊足で、打って走って守れる捕手としてスカウトの注目を集めた。

高校1年の夏から書き続けている野球ノートに、配球についてを書き綴り捕手としての能力を身に付けていった。野球ノートの数は、2年間で10冊を越えた。高校生で配球のことをこれだけ勉強している捕手は少ない。

研究熱心な面もプロ向きな選手と評価されていた。

2009年ドラフト

中澤雅人《なかざわまさと》

謎電話がかかった中澤雅人を6年後に1位指名

2009年のドラフトは花巻東高の菊池雄星を6球団競合の末、高田繁監督がくじを外し、トヨタ自動車の左腕・中澤雅人投手を1位指名しました。

中澤とは奇妙な縁がありました。ドラフトの6年前、私の携帯に謎の電話がかかってきたのです。

「どなたですか?」と聞くと、相手は「ちょっと話を聞いてください」と名乗りません。そして「中澤を指名してください」と頼んできました。「せめて名前ぐらい言ってください。誰かわからない人のことは聞けません」と返事したのですが、そもそも電話でそんな大事な話はできません。

しかも球団の代表電話ではなく、スカウトの私の電話番号を知っていて直接かけてきたというのは、普通の人ではないはず。私は気になってしまいました。

中澤は富山商で甲子園に出場。ドラフト候補でしたが、中大への進学を表明していた。電話の相手は、中澤をプロに入れたがっていた富山商の関係者だったようです。

上司に「中澤はどうですか?」と聞くと「あれは中大に決まってるだろ」と一蹴。強行指名し、中大のドラフト候補が出た場合に、ヤクルトはお断りとなったら困るので、今後の関係を考えると、手を出せません。

中澤は中大ではケガに苦しみ活躍できず、トヨタ自動車に進みました。トヨタ自動車では都市対抗にも出場し、再びドラフト候補となりました。あの電話から6年後、ヤクルトに、しかも1位で入ってくるのだから人生はわかりません。1年目の2010年は7勝も、以降は勝ち星が伸びず。5年後の2014年から貴重な左の中継ぎとし、投手陣を支えています。

2009年のドラフト

注目の菊池雄星投手(花巻東)には6球団が競合、西武が交渉権を獲得した。菊池を抽選で外したヤクルトは1位で中澤雅人投手(トヨタ自動車)、3位で荒木貴裕内野手(近大)、横浜が1位で筒香嘉智内野手(横浜)、広島が1位で今村猛投手(清峰)、巨人が1位で長野久義外野手(ホンダ)、ロッテが1位で荻野貴司外野手(トヨタ自動車)、2位で大谷智久投手(トヨタ自動車)、4位で清田育宏外野手(NTT東日本)、ソフトバンクが1位で今宮健太内野手(明豊)を指名し獲得した。

アマチュア時代の

中澤雅人

富山県出身。父の影響で小学2年から少年野球クラブで野球を始めた。小学3年からピッチャーをやるようになった。中学は部活動の軟式野球をやっていた。

高校は富山商業高校に進学。富山商業高校でエースとなって3年夏の富山県予選で優勝し、甲子園に出場した。甲子園では、9回4失点で初戦で敗退。この時点で複数の球団から注目され、ドラフト候補になったが、中澤は進学を希望し中央大学へ進学した。

中央大学では1年春から登板し徐々に力をつけていった。2年の春には3勝0敗、防御率0・95と結果を残すが、その後は怪我などもあり伸び悩んだ。この間、中央大学も2部に降格し、大学通算は5勝どまりに終わった。

卒業時にはプロからの勧誘もなく社会人野球のトヨタ自動車に入社した。

トヨタ自動車ではエースとなり2008年にはヤマハの補強選手として都市対抗にも出場した。

日本選手権大会では日本生命戦で先発し、6回途中無失点など活躍し、トヨタ自動車の日本一に貢献した。

2009年の都市対抗では3試合に登板し無失点に抑えた。

高校、大学時代は制球に苦しんだが、社会人なってからはバランスが良くなり145キロ前後の伸びてくるストレートと大きなカーブ、そしてキレのあるスライダーを身に付け社会人NO1ピッチャーと評価される程になった。複数球団から注目されるドラフト上位候補となった。

佐《さ》藤《とう》貴《たか》規《のり》

2010年ドラフト

二転三転し育成選手で指名した佐藤貴規

この年の育成ドラフト3位では、由規投手の弟で仙台育英高の佐藤貴規外野手を獲得しました。

右投げ左打ちで3年夏の甲子園に出場し、バッティングは素晴らしいものがありましたが、スローイングにかなり難がありました。

しかも当時のヤクルトは外野を守れる13人中、右打者は志田宗大、飯原誉士だけ。両打の福地寿樹を含め他の11人は左打ちで、このチーム構成を考えると、余程凄い選手でないと、獲得することは難しい。総合的な判断で、一度は獲得を見送る方針を決めました。

ところがドラフト直前になり、担当スカウトから、「何とか獲ってほしい」と頼みこまれました。由規は人気選手で、兄弟となれば話題性もあることはわかっています。球団内でもかなり早い段階から議論を重ねた末に、獲得しないことを決めたので、それが二転三転していては、上層部に「何をやっているんだ」と思われてしまいます。

「私の判断ミスでした。もう1回考えてもらえないでしょうか」と上層部に申し出て、OKをもらい、育成選手として獲得することが決定。ヤクルトは育成選手を毎年1人か2人獲得していますが、3人獲ったのはこの年だけです。

しかし、入団後は頑張りました。1年目に二軍でチームトップの打率3割。2014年は二軍で打率3割8厘と結果を残し、支配下登録をしようという流れになっていました。

ところが直前に事情が変わってしまい見送り。その年限りで戦力外になってしまったのは、かわいそうでした。

事情が変わった理由は、イップスによるものだったようです。いろいろと改善策が話し合われたようですが、どう指導しても、本人がどう努力しても改善しないと判断されたようです。

左投げにも挑戦するなど、送球難克服にあの手この手を使いましたが、結局誰も直すことができませんでした。

バッティングはいいものを持っていただけに、ヤクルトにとっても、もったいなかったと思います。

アマチュア時代の……

佐藤貴規

宮城県仙台市出身。小学5年の時からチームに入り野球を始めた。6年の時に全日本リトルリーグ野球選手権大会で優勝、選抜チームに選出されリトルリーグ野球アジア大会準優勝を経験している。

中学時代は中学硬式野球の東北シニアに所属し、ポジションはピッチャーと内野。

当時は130キロ以上のボールを投げ、素質は由規以上と言われていた。

しかし、貴規はこのころからイップスをかかえていた。思うようにボールが投げられなかった。

投げられないことをカバーするためにバッティングを磨いた。ひたすらバッティングに集中したことで打撃技術は飛躍的に伸びた。

高校は兄と同じ仙台育英高校に進学した。高校では外野にコンバートされ、打撃にはさらなる磨きがかかった。

1年の夏からベンチ入りし、代打で出場。2年春の県大会で21打数12安打、打率・571と結果を残した。

2年夏の宮城県予選は3番ライトで出場し、25打数8安打5打点と活躍したが、決勝で敗れ甲子園には出場できなかった。

3年夏の宮城県予選では、決勝で28対1と気仙沼向洋高校に大勝し甲子園出場を決めた。貴規は3番センターで出場し6打数3安打、3三塁打でチームトップの5打点と打ちまくった。

高校卒業時には、50メートル5秒7、高校通算16本塁打。俊足好打の外野手としてドラフト候補の一人として注目を集めた。

２０１０年ドラフト

斎《さい》藤《とう》佑《ゆう》樹《き》

斎藤ご両親から出された2つの条件

２０１０年のドラフトの目玉は早大の斎藤佑樹投手。ヤクルトは早々と1位指名を公言し、獲得に動いていました。

斎藤は東京六大学で31勝。先発で5回は投げて試合をつくることができる上、何よりも人気がある。スカウト会議でも「1週間に一度の登板でも、先発すれば神宮球場は斎藤のファンで観客が３０００人は増える。勝てばもっと増える」と話したことがあります。

一部の選手はドラフト前に、獲得の意思がある球団と面談の場を設けています。花巻東高の菊池雄星投手（西武からマリナーズ）や大谷翔平投手（日本ハムからエンゼルス）、２０１９年の大船渡高・佐々木朗希投手（ロッテ）もそうでした。

斎藤のときも面談が行われ、担当スカウト

ら4人で西東京の早大合宿所に足を運びました。当時夕刊フジの取材に「ご両親には誠意を持って今後どうやって育てていくか。野球をちゃんとできるような環境を整えますと話すつもりです。もちろん1軍で先発としてできるだろうと評価しているので。即戦力としてどうしてもほしい」と答えています。

その席上で、ご両親から2つ条件を出されました。ユニフォームについてとオープン戦についてでした。金銭面などではないとはいえ簡単には飲めないもので、球団に報告した方がいいものか迷いましたが、ドラフトで当たりくじを引いてからでは遅い。本番の2、3日前に、球団事務所の社長室をノックしました。するると、当時の鈴木正社長は「そんなことは気にしなくてもいいから。もしもくじを引いたら、俺が話をするから大丈夫だ」と後押ししてくれました。

当初はヤクルトとロッテが熱心で、一騎打ちとみられていました。

「おまえのところは降りないのか?」、「今さら降りられるか!」などと、ロッテのスカウトとはまさに火花が散っていたほどです。

ところがドラフト当日になって日本ハムとソフトバンクも参戦。小川淳司監督がくじを外してしまい、日本ハムが交渉権を獲得しました。

ヤクルトはさらに外れ1位で八戸大の左腕、塩見貴洋投手も楽天との競合で逃してしまいます。塩見は楽天に入団、2011年、

9勝9敗、防御率2・85で特別表彰として優秀新人賞を受賞しました。2012年にはオールスターにも出場しています。

外れの外れ1位では、修徳高の三ツ俣大樹内野手とどちらにするか悩んだ末、履正社高の山田哲人内野手を指名。オリックスと競合もここで当たりを引き、3度目の正直でようやく決まりました。

山田が大成した今となっては、多くのファンの方が「斎藤を外してよかった」と思われるでしょうが、当時のスカウトや球団関係者は斎藤が「もしもヤクルトに入っていたら、どうなっていたか」という複雑な思いを今も抱えています。それほどまでに獲得に熱を入れていたし、欲しい選手でした。

結果的に「残り物に福」となった山田は、高校ではショートを守っていました。3年夏の甲子園に出場。打撃はよかったがスローイングに難があった。投げるときに、体から腕が離れすぎていました。これではプロでショートは無理です。

仮契約のとき、私は山田のご両親に「ショートではレギュラーを取れません。でも、違うポジションで間違いなくレギュラーになれますから、心配しないでください」と断言しました。足が速いのでセンターなど外野手への転向を考えていたのですが、当時の守備コーチがよく二塁転向を提案したと思います。同じ内野とはいえ、遊撃と二塁では動きがまったく逆。すごい発想です。

'87 '88 '89 '90 '91 '92 '93 '94 '95 '96 '97 '98 '00 '01 '02 '03 '04 '05 '06 '07 '08 '09 '10 '11 '12 '13 '15 '16

　山田を逃したオリックスは、外れの外れの外れ1位で前橋商高の後藤駿太外野手を指名。オープン戦で活躍し、開幕スタメンで出場しました。高卒の新人外野手では1959年の張本勲さん（東映フライヤーズ）以来52年ぶり。それを見た当時のヤクルトの球団役員に、

「オリックスはいいのを獲ったな。うちはどうなってるんだよ」と嫌味を言われたものです。

　なお、山田との2択で迷った三ツ俣もオリックスが2位で指名。レギュラーをつかめないままトレードとなり、現在は中日でプレーしています。

2010年のドラフト

斎藤佑樹投手は4球団競合の末、日本ハムに、大石達也投手は6球団競合の結果、西武に交渉権が確定し入団した。ヤクルトは1位で山田哲人内野手（履正社）、中日は1位で大野雄大投手（佛教大）、巨人は1位で沢村拓一投手（中大）、広島は1位で福井優也投手（早大）、6位で中崎翔太投手（日南学園）、ソフトバンクは2位で柳田悠岐外野手（広島経大）、西武は抽選の結果1位で大石達也投手（早大）、2位で牧田和久投手（日本通運）、3位で秋山翔吾外野手（八戸大）、日本ハムは抽選の結果1位で斎藤佑樹投手（早大）、2位で西川遥輝外野手（智弁和歌山）、ロッテは3位で小林敦投手（七十七銀行）、楽天は2位で美馬学投手（東京ガス）、オリックスは2位で三ツ俣大樹内野手（修徳高）を指名し獲得している。ソフトバンクは育成の4位で千賀滉大投手（蒲郡高）、5位で牧原大成内野手（熊本・城北高）、6位で甲斐拓也捕手（楊志館高）を指名し獲得した。

アマチュア時代の

斎藤佑樹

群馬県太田市出身。小学1年から少年野球チームに入り野球を始めた。中学では部活の軟式野球部に所属しピッチャーで3番バッター。群馬県大会で準優勝、関東大会ではベスト8まで進んだ。

高校は早稲田実業高校に進学。高校時代は、実家を離れ、東京で兄と二人暮しの下宿生活。2年の夏からエースとなったが、準決勝で日大三高校に3本塁打を浴び負け。ここから意識が変わった。2年秋の東京都大会で優勝。3年春のセンバツでは準々決勝で横浜高校に敗れた。夏の予選は日大三高校に延長サヨナラでリベンジして甲子園出場。

甲子園では、大阪桐蔭高校戦で中田翔に4打数無安打3三振。決勝で、駒大苫小牧高校のエース田中将大と投げ合い、延長15回引き分け再試合。再試合でも先発し4連投、1対0で勝ち、優勝投手となった。卒業と同時に早稲田大学に進学。

大学では1年の春から活躍し優勝投手となった。斎藤は4勝0敗、防御率1・65でベストナイン。大学選手権でも3試合に登板しMVP。日米大学野球にも選出され優勝。秋も優勝、防御率0・78で、連続のベストナイン。2年秋には7勝で2季ぶりの優勝。3度目のベストナイン。3年時は春も秋も優勝を逃す。4年秋は、早稲田大学と慶応大学の決定戦が行われ、8回途中までノーヒットノーランの好投で、早稲田大学が優勝。明治神宮大会も優勝しチームに貢献した。この時点で人気でも実力でもNO1のドラフト1位候補となった。

2010年ドラフト

西田明央《にしだあきひさ》

西田明央を獲得へプロフィール修正

この年の3位で西田明央捕手。4位で又野知弥内野手と、北照高の2人を獲得しました。同じ高校から2人選手を獲得するのは、球団史上初。北海道の同じ高校から2人の選手が同時にドラフト指名されたことも初めてのことで、かなり話題になりました。

2008年の中村悠平の時と状況が変わらず、この頃のヤクルトは正捕手がいなかった。西田はバッティングもよく、魅力的な選手でした。しかし身長が173センチと小さかった。当時の球団幹部は「ピッチャーならともかく、175センチ以下の選手は獲るな」という考えを持っていました。特にキャッチャーは体が大きい方がいい。ピッチャーが目標にして投げるわけですから、小さいことは大きなマイナスポイントとなります。それでも私は西田をどうしても欲しかった。そこで河上敬也監督に裏事情を明かすと、西田を呼び「今日から176センチにしろ」とプロフィールを修正してくれました。

西田はヤクルトではレギュラーを奪うまでに至っていませんが、強打のキャッチャーとして、時には一塁や代打の切り札として、貴重な戦力になっています。2020年の選手名鑑を見ると、西田の身長は178センチになっています。プロに入って身長が伸びたのかどうかは、わかりません。

又野はピッチャーで、春夏の甲子園で本塁打を打った長打力が魅力。身長187センチでリーチも長く、阪神や西武で活躍した田淵幸一さんをイメージし、プロでは三塁手にコンバートしました。

しかし技術はあるのですが、体力面やメンタルが弱かった。一軍に昇格することなく、4年で戦力外になりました。最初からピッチャーでやらせてあげれば、別の結果が出たかもしれないという気持ちもあります。

その後、又野とはアマチュア資格回復の講習会で一緒になりました。そこではレポートなどを提出するのですが、「大変だな」と話しかけると「こんなの楽ですよ」という返事が返ってきました。現在は一般企業で活躍しているようですが、恐らく頭がいいのでしょう。ヤクルトで得た経験を生かして、頑張ってもらいたいものです。

アマチュア時代の

西田明央

京都市伏見出身。小学1年から野球を始めた。中学時代は硬式野球の京都ファイターズに入団。キャッチャーで活躍した。

高校は誘われて北海道・北照高校へ進学。北照高校では1年春から出場した。1年の時は外野手、2年春からサード、夏はセカンドで出場。新チームとなった2年秋からキャッチャーでキャプテンとなり、チームを背負うこととなった。

2年秋の大会は中軸の3番バッターで9試合9打点、守っては好リードで北海道大会で優勝した。神宮大会では1回戦で敗れたが、帝京の足を封じた見事な二塁送球技術がプロの注目を集めた。広角に打てるバッティング技術と強く打てる長打力もあり、将来楽しみな選手となった。3年春のセンバツでは、選手宣誓の大役を果たし、1回戦は秋田商業高校と対戦し2対0の完封勝利。西田のリードが光った。2回戦も自由ケ丘高校に5対4で勝ちベスト8。3回戦で大垣日大高校に敗れた。

夏の南北海道大会は準決勝の函館工業高校戦で、5回1死1、2塁で2戦連発となる通算34号の3ランで試合を決めた。ストレートを完璧にとらえ、バックスクリーンに放り込んだ。守っても好リードで完封。準決勝で札幌日大高校に7対0、決勝で函館有斗高校に4対3で勝って、念願の甲子園出場を決めた。

甲子園では1回戦で長崎日大高校に4対2で敗れたが、プロ9球団から調査票が届き、ピッチャーの又野と共にドラフト上位候補となった。

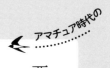

高橋周平《たかはししゅうへい》

アドバルーンをあげた高橋周平を獲得できず

2011年のドラフトで、かなり早い段階から1位指名を公言していた選手を獲り逃したのは、痛恨でした。東海大甲府高の高橋周平内野手のことです。

甲子園には出場できませんでしたが、左右に打ち分けることができ、長打力もあります。同じ高校出身の村中恭兵投手がエース級の活躍をしていたので、「恭兵、周平コンビで行こう」と売り出すことも考えていました。

私のドラフトの手法は、早くアドバルーンをあげることです。かつては相馬和夫球団社長が毎年のように当たりくじを引いて「黄金の左腕」の異名を取るなど、ヤクルトは抽選に強いイメージがありました。先に手を挙げることで、指名を回避するところが出てくればラッキーという狙いです。

この年はヤクルトのドラフト1位は高橋周平とスポーツ新聞に情報提供し、報道してもらいました。ところが中日、オリックスとの競合となり、小川淳司監督がくじを外してしまいます。高橋を逃したヤクルトは、外れ1位で光星学院高（現八戸学院光星高）の川上竜平外野手を指名。東日本大震災の年だったので、東北の選手を指名するとドラフト会場に大きな拍手が起こりました。

背番号は池山隆寛の代名詞だった「36」。入団から7年間背負った川端慎吾（2004年高校生ドラフト3巡目）が「5」に変更したタイミングで、川上に継承しました。ヤクルトでは青木宣親、山田哲人の「23」とともに、出世番号のイメージがある特別な番号です。

3年の春夏に甲子園で投手としても登板した川上の身体能力の高さを見込んで、外野手から遊撃手にコンバート、期待は大きかったのですが、1軍昇格はかなわず5年で戦力外になりました。

中日がくじを引き当てた高橋は2018年、初めて規定打席に到達。8年目の2019年はセ・リーグ8位の打率・293をマークし、三塁のベストナインも受賞しました。もっと早くレギュラーを取れる素材だと思っていたので、案外時間がかかった印象ですね。他球団とはいえ、自分の見込んだ選手の活躍はうれしいものです。

アマチュア時代の

高橋周平

神奈川県藤沢市出身。小学1年から野球を始めた。

中学時代は硬式野球チームの湘南クラブボーイズに所属。2年の時に4番サードで全国大会優勝、ジャイアンツカップ準優勝を経験した。

高校は、神奈川県の強豪校からの誘いがあったが、東海大甲府高校へ進学した。

高校では1年春から4番サードで出場。秋からショートで、2年春の県大会は打率・579で準優勝。

3年になると体も180センチ83キロとなり大型のショートで、柔らかいバッティングで逆方向にも長打が打てる強打者になり、さらなる成長を遂げた。

3年春の山梨県大会は打率・471で優勝に貢献した。決勝戦では57号本塁打を記録した。

夏は3試合で打率5割、4打点と活躍したが、山梨学院大付属高校に4対5で敗れ甲子園には出場ではなかった。

周平は悲願の甲子園出場を目指し山梨に来たが、一度も甲子園の土を踏めなかった。

夏の甲子園終了後は、甲子園不出場ながらアジア野球選手権大会の日本代表に選ばれた。

アジア野球選手権大会では3番ショートで全試合の5試合に出場し、20打数10安打13打点の好成績で高校野球トップレベルの実力を見せつけた。

決勝戦で高校通算71号となる2ランホームランとタイムリーを放ち、MVPも獲得した。

木製バットへの対応力も見せ、プロ12球団のどこもがドラフト1位候補としてリストアップした。

小川泰弘《おがわやすひろ》

低評価の石山泰稚とライアン小川獲得で大成功

2012年ドラフト

2012年のヤクルトのドラフト1位は石山泰稚投手（ヤマハ）。4球団競合の大阪桐蔭高・藤浪晋太郎投手を逃した後の外れ1位でした。

当時はスカウト仲間から「なんで石山が1位なの？　間違ってないですか」と首を傾《かし》げられました。東北福祉大時代に度胸のない投球をしていたので、どこのスカウトもあまりいいイメージがなかったようです。

気持ちが弱いと思われていた石山ですが、ヤマハに入社してからの投球には目を見張るものがありました。

アウトコースの低めいっぱいに素晴らしいストレートが投げられるピッチャーになっていました。

1位指名はチームの方針で藤波に決まって

いましたが、外したら石山で行こうと評価していました。

獲得が決まり、契約のとき、空いていた背番号「12」、「29」を並べ石山に着けたい方を選ばせました。私は「29」を取るだろうとみていました。

ヤクルトの「29」はヤマハの先輩の西村龍次（1989年ドラフト1位）やテリー・ブロスが着けて活躍しました。「おまえ、これでいいよな?」と聞くと、「いや、こっちで」と「12」を選びました。投手はやはり10番台が欲しいんでしょうね。

そして「29」は2位の小川泰弘投手（創価大）に決まりました。小川の指名の決め手になったのは、精神力の強さです。

ピンチになるとベンチを気にして、キョロキョロ見る投手が多い。中には「早く変えてくれ」と合図を送る投手もいます。でも、小川は絶対にベンチを見ません。

ピンチを迎えても、交代する気はまったくないのです。要するに逃げないということです。

普段は暇があれば本を読んでいるような物静かな男ですが、マウンドに立つと強気な性格に一変します。

春先に見たときは、走者を置いてクイックでの投球ができないという印象でした。そこで担当の斎藤宜之スカウトに「クイックができるようになったら教えて」と指示しました。

8月に再び見たときには、クイックは早いとはいえませんが修正できており、2位での指名を決断しました。「ライアン」の愛称のもとになった足を大きく上げる投げ方を、他球団は気にして評価を下げていました。

当初は石山と同じように、「3位ぐらいの選手をよく2位でいったね」といわれたものです。そうした声は衣笠剛球団社長の耳にも届いていたのですが、「1位でもいいと思いました。でも石山がいたから、2位にしたんです」と自信を持って説明しました。

1年目が終わり、衣笠社長は「恐れ入った」と大喜び。

2人とも低い評価を覆してくれたからです。石山は中継ぎで60試合に登板し、オールスターにも出場。小川は16勝4敗で最多勝、最高勝率、新人王に輝きました。

2012年のドラフト

メジャー挑戦を希望していた大谷翔平投手（花巻東高）を日本ハムが単独指名し入団させた。藤浪晋太郎投手（大阪桐蔭高）にヤクルト、阪神、ロッテ、オリックスの4球団が競合し阪神がくじを引き当て獲得。巨人は菅野智之投手（東海大在学）を1位で単独指名、ヤクルトは1位で石山泰稚投手（ヤマハ）、2位で小川泰弘投手（創価大）、広島は2位で鈴木誠也内野手（二松学舎大付高）、3位で下水流昂外野手（Ｈｏｎｄａ）、横浜は1位で白崎浩之内野手（駒沢大）、6位で宮﨑敏郎内野手（セガサミー）、ロッテは3位で田村龍弘捕手（光星学院高）、楽天は2位で則本昂大投手（三重中京大）、西武は3位で金子侑司内野手（立命館大）を指名し獲得した。２０１３年の新人王はセリーグがヤクルトの小川泰弘投手、パリーグが楽天の則本昂大投手が獲得した。

アマチュア時代の

小川泰弘

愛知県田原市出身。小学3年から野球を始めた。中学時代は部活の軟式野球部に所属しエースとしてチームを県大会出場に導いた。

高校は愛知県成章高校に進学。2年の秋にはエースとなりベスト4まで勝ち進んだ。愛知県選抜に選ばれ日米親善試合に出場した。

3年春は21世紀枠でセンバツに選ばれ、初戦の駒大岩見沢高校戦で2失点に抑え3対2で勝った。2回戦は平安高校と対戦し3失点と好投したが2対3で敗れた。

夏の東愛知予選では、決勝まで勝ち進んだが惜しくも大府高校に1対3で敗れ夏の甲子園出場はならなかった。

大学は創価大学に進学。1年の秋から東京新大学リーグ戦に出場し関東代表決定戦で、菅野智之がいる東海大学に投げ勝った。

2年の春からエースとなり、さらなるレベルアップを目指し3年の夏にノーラン・ライアンのフォームを参考に、大きく足を上げるフォームに変えた。

3年の秋にはリーグ新記録となる防御率0・12を記録。

4年の春の東京学芸大学戦でノーヒットノーランを達成した。

フォームを変えてからの3年秋以降は無傷の21連勝を達成した。リーグ通算成績は36勝3敗、防御率0・60。リーグMVPを5回受賞。

体は小さいが、それでも12球団から注目されるドラフト上位候補となった。

140キロを超えるストレートとコントロールが抜群の完成度の高い右腕。

大《おお》谷《たに》翔《しょう》平《へい》

二刀流の大谷翔平は打者として考えていた

２０１２年ドラフト

２０１２年のドラフトで最大の注目を集めたのは、花巻東高のエースで４番だった大谷翔平（２０２０年現在大リーグ・エンゼルス）でした。

試合でのプレーを見て、私は「バッターだな」と思いました。投手でもいい球を投げていたけれど、打撃はパンチ力もあるし、技術はとてつもないと感じました。

東北担当の八重樫幸雄スカウトも同じ意見でしたが、スカウト全体では投手と野手で半々。長い目で見れば、打者の方が長くプレーできる。投手だと肩肘を故障をする可能性が出てきます。もちろん「二刀流」なんて発想はありませんでした。

大谷を一本釣りした日本ハムは「どちらもいい」と二刀流にしたそうですが、そのとおり。投手としても、打者としてもよかった。ただ、野村克也さんや張本勲さんと同じ意見で、「どちらかでなければダメだ」という固定観念がありました。

ドラフト直前には日本ハムが1位指名を公表。説得は難航しましたが、入団までこぎつけました。今となれば、大谷サイドはどこまで本気だったのかという思いと、入団交渉を成功させた日本ハムの手腕のすごさに脱帽する気持ちが、少し複雑に入り混じります。

ヤクルトが1位指名したのは、大阪桐蔭高の藤浪晋太郎投手。春夏甲子園を連覇した投手でしたが、指名するかでモメました。私は反対派で、他の選手を推しました。藤浪はあの投げ方では、肩肘が壊れるのではないかと思ったのです。まさか後々、こんなに制球難で苦しむとは思いませんでした。

巨人は前年に日本ハムの1位指名を拒否し、浪人していた菅野智之投手を2年連続で1位指名。一本釣りに成功しました。

ドラフト直前には巨人のスカウトから電話がかかってきて、「まさか菅野、いかないでしょうね？ ジャイアンツじゃなかったら、メジャーに行きますからね」と〝警告〟されました。

気心が知れたスカウトの間柄だからこそではありますが、ドラフト前にはこういった会話も飛び交います。もちろん指名するつもりはありませんでしたが、もしも巨人以外が交渉権を獲得していたら、本当にメジャーに行っていたでしょうね。

アマチュア時代の

大谷翔平

岩手県水沢市（現在の奥州市）出身。小学2年から野球を始めた。中学は一関シニアに所属し、センバツ大会に出場。高校は菊池雄星に憧れ花巻東高校へ進学した。花巻東高校では1年から4番ライトで出場した。秋にはエースとなり東北大会に出場したが、1回戦で敗退。この試合はリリーフで登板し、4回を5奪三振1失点、147キロを投げ、プロ注目の選手となった。

2年春の盛岡大付属高校戦では3安打13奪三振1失点。この時点で数球団がドラフト1位候補として評価している。また、釜石商工高校戦での3ランなど、打者としても11安打9打点の大活躍。複数のスカウトはバッターとして1位評価。2年の夏は甲子園出場。1回戦の帝京高校戦で4回途中からリリーフで出場したが、3失点で負け投手となった。

秋の県大会は野手で打率4割超の成績、県大会優勝、東北大会もベスト4に進出しセンバツ出場を決めた。3年春のセンバツでは大阪桐蔭高校戦で11三振を奪ったが11四死球と制球に苦しみ敗れた。この試合では、藤波から先制ホームランを打った。3年の夏は岩手県予選の決勝で盛岡大付属高校に敗れ、全国の高校野球ファンががっかりした。

夏の成績は18回3分の1を投げ、31三振、準々決勝の一関学院高校戦で160キロを記録した。その後、日本代表に選ばれ、4番ピッチャーとしてアンダー18の世界選手権に出場し、投打に活躍した。12球団から投打ともに1位評価を受けるが、本人はメジャー志望だった。

大瀬良大地《おおせらだいち》

２０１３年ドラフト

大瀬良大地のくじを引きたかった

近年で逃した一番大きな魚が、２０１３年ドラフトの九州共立大・大瀬良大地投手です。

桐光学園高で甲子園を沸かせ5球団が競合した松井裕樹投手と、どちらを1位指名するかで悩みましたが、即戦力の大瀬良に一本化しました。

九共大の仲里清監督は「本当に指名してくれますか?」とかなり心配して、何回も聞いてきたほど。「他に指名を確約する球団がないのかな?」と思ったのですが、いざフタを開けたら広島、阪神との競合になりました。

ドラフトはくじ運が明暗をわけます。早大・斎藤佑樹投手を指名した２０１０年のドラフト前には、スカウト会議で小川淳司監督が「俺はくじ運もないし、嫌だよ。トリさん行ったらどうですか?」と発言。確かにヤクルトでは以前、スカウトがくじを引いた例もあります。私は心の中では行く気満々でしたが、「行きます」と言うわけにもいかずに黙っていると、当時の衣笠剛社長が「監督がやらなければダメだ」と鶴の一声。私の出番は幻に終わりました。

そしてこの年も、小川監督は大瀬良の交渉権を逃します。くじを引き当てたのは、広島の田村恵スカウトでした。

涙ぐむ田村スカウトの姿を見ながら、「俺にやらせてくれていたらな」という思いがなかったといえばウソになります。

大瀬良は1年目から10勝。その後のエースとしての活躍はご存じのとおりです。

大瀬良の外れ1位は国学院大・杉浦稔大投手でした。こちらもソフトバンクとの競合になり、今度は小川監督がくじを引き当てましたが、故障にも泣き4年間で6勝。17年途中にトレードで日本ハムに移籍しました。

ヤクルトは2015年まで14年間、優勝から遠ざかりましたが、やはりくじを外すとチーム成績にもろに響きます。

ドラフト1位の本指名では、09年の菊池雄星に始まり藤浪晋太郎、大瀬良ら、10年間のうち9度もナンバーワン評価の選手を獲得できていません。

2019年のドラフトでようやく高津臣吾監督が、3球団競合の星稜高・奥川恭伸投手を引き当てました。

アマチュア時代の

大瀬良大地

鹿児島県霧島市出身。小学4年から野球を始めた。中学の時、長崎市に転校し、軟式野球部に所属。高校は長崎日大高校に進学。2年の秋からエースとなる。3年夏の長崎県予選の準々決勝で、センバツで優勝した清峰高校の今村猛と対戦。4安打1失点完投で勝ち、準決、決勝にも勝って甲子園出場を決めた。甲子園ではセンバツ準優勝、花巻東高校の菊池雄星と投げ合い敗れた。

卒業後は九州共立大学に進学。1年春から活躍し、5勝、防御率0・63で優勝に貢献。全日本選手権1回戦の中央学院大学戦では、救援で151キロを記録し3回無失点と好投したが敗戦。2年春はリーグ戦で最優秀選手賞。全日本選手権では、2回戦の同志社大学戦で2安打10奪三振で完封。

2年の秋季リーグでは防御率1位、最優秀選手賞、ベストナインに選ばれた。明治神宮大会の創価大学戦は9回3失点10奪三振と好投したが、小川泰弘に完封された。3年の春季リーグでも最優秀選手賞とベストナインに選出され、チームは優勝した。

全日本大学選手権の準々決勝で再び創価大学との対戦となり、3安打完封で雪辱を果たした。準決勝の早稲田大学戦でも151キロのストレートを軸に好投したが、2対3で敗れた。

4年時の春季リーグは防御率0・91で1位。日米大学野球の代表にも2年連続で選ばれた。大学通算は57試合登板で38勝5敗、24完投、12完封、防御率1・07。12球団注目のドラフト1位候補。

秋吉亮《あきよしりょう》

上位で消えていたはずの秋吉亮を3位で獲得

2013年ドラフト

2013年のドラフト3位で獲得した秋吉亮投手（パナソニック）も忘れられません。1位は大瀬良大地投手（九州共立大）を抽選で外し、杉浦捻大投手（国学院大）を指名。2位は西浦直亨内野手（法大）を獲得しました。

遊撃手は補強ポイントで、西浦は早い段階から目をつけていました。しかしチーフの私が何度も見に行ったり、多くのスカウトで視察したりすると、他球団に西浦を狙っていることがバレてしまいます。

六大学担当スカウトに任せていたので、他球団は「まさか、ヤクルトが」と驚いたのではないでしょうか。

ＤｅＮＡとの開幕戦に「8番ショート」で出場し、初打席でホームランを打ちました。

開幕戦の初打席で新人選手がホームランを打ったのは、セ・リーグで初めてだったそうです。ケガも多く、なかなかレギュラーに定着できませんが、実力を発揮しています。

そして、ドラフト会議では、2位指名が終わったところで、1位で消えていてもおかしくない秋吉が、まだ指名されていません。

「秋吉がまだ残っていますよ」と興奮を隠せなかった私に、衣笠剛球団社長が「そう、興奮するな」と鎮めさせたほどです。

その年のヤクルトはシーズン最下位で、3位のウエーバー巡は日本ハムに続いて2番目です。日本ハムは岡大海（ひろみ）外野手（明大）を指名し、ヤクルトは秋吉を獲得することができました。

秋吉は珍しい都立高校出身です。足立新田高から中央学院大に進み、社会人野球のパナソニックに入り、すでに24歳になっていたので、他チームは年齢面で敬遠をしたようです。

1年目は開幕ローテーションに入り、先発で起用されていましたが、リリーフに回り、チーム最多の61試合に登板。3勝4敗5セーブと大車輪の活躍をみせます。

2015年はリーグ最多の74試合に投げ、14年ぶりのリーグ優勝に貢献しました。2016年もリーグ最多の70試合に投げ、19セーブを挙げ、2017年のWBCにも出場しました。

ところが2018年に最少となる35試合の登板に終わると、オフに日本ハムにトレードされてしまいます。

私はヤクルトを退団していて、詳しい内情はわかりませんが、チームにいればもちろん止めています。

先発ができる高梨裕稔投手を欲しかったというチーム事情もあったのでしょうが、このトレードは首を傾げました。

日本ハムに移籍した秋吉は、ストッパーとなり25セーブと復活。やはり簡単に手放すようなピッチャーではありませんでした。

2013年のドラフト

2013年も今まで同じように1巡目が重複の場合は抽選、2巡目以降はウェーバーで行われた。松井裕樹投手（桐光学園高）を日本ハム、横浜、ソフトバンク、中日、楽天が指名し抽選の結果、楽天が当たりくじを引き当てた。大瀬良大地投手（九州共立大）をヤクルト、広島、阪神が指名し、広島が獲得。石川歩投手（東京ガス）はロッテと巨人が指名し、ロッテが獲得。ヤクルトは1位で杉浦稔大投手（國學院大）、3位で秋吉亮投手（パナソニック）、中日は2位で又吉克樹投手（香川オリーブガイナーズ）、広島は2位で九里亜蓮投手（亜細亜大）、3位で田中広輔内野手（JR東日本）、阪神は4位で梅野隆太郎捕手（福岡大）、巨人は1位で小林誠司捕手（日本生命）、日本ハムは2位で岡大海内野手（明治大）、オリックスは3位で若月健矢捕手（花咲徳栄高）、ソフトバンクは4位で上林誠知内野手（仙台育英高）、ロッテは5位で井上晴哉内野手（日本生命）、6位で二木康太投手（鹿児島情報高）、西武は1位で森友哉捕手（大阪桐蔭高）、2位で山川穂高内野手（富士大）、楽天は2位で内田靖人捕手（常総学院高）を指名し獲得した。

アマチュア時代の

秋吉亮

東京都足立区出身。小学1年から野球を始めた。6年の時に関東大会優勝。中学は軟式野球クラブに所属。高校は都立新田高校へ進学。1年秋からピッチャーを任されエースとなる。3年夏の東東京大会で、投球回数46回、48奪三振、12失点、2回戦から33回連続無失点と好投し、ベスト4まで勝ち進んだ。日大一高校を4安打、安田学園高校を2安打、青山学院高校を2安打に抑え、3連続完封を記録している。

大学は中央学院大学に進学した。3年春の全国大会の1回戦九州共立大学戦で最速148キロのストレートとスライダーで2安打完封、2回戦の金沢学院大学戦ではリリーフで5回2失点と好投し、延長11回サヨナラ勝ちでベスト8に貢献した。4年の春は7試合で5勝し、3完封の活躍で優勝に貢献。防御率0・84で1位、MVP、最多勝、奪三振王、ベストナインの4冠達成。秋も5勝を挙げたが、プロ志望届を出さずパナソニックに入社。

パナソニックでは2年目からエースとなり、都市対抗ベスト8、日本選手権ベスト4。

アジア選手権の日本代表に選出され3勝し優勝に貢献。3年目は都市対抗2次予選で2完封、本大会1回戦の三菱自動車岡崎戦で6安打11奪三振の完封勝利。日本選手権の準々決勝、東京ガス戦で154球13奪三振と好投したが、延長11回0対2で敗れた。

サイドスローで、プロのスカウトからはリリーフとして評価されているドラフト上位候補。

真中《まなか》満《みつる》監督

真中満監督よりも先にガッツポーズ

２０１５年ドラフト

２０１５年は、ドラフト史に残る「真中ガッツポーズ事件」が起こりました。

ヤクルトは明大・高山俊外野手を指名しました。阪神も高山を指名し、阪神との競合になりました。

くじを引いたヤクルト真中満監督は、くじの「交渉権獲得」の文字ではなく、ＮＰＢのマークを当たりと勘違いしてガッツポーズをしました。この場面はテレビで何度も流れ、明るい性格の真中監督は今や定番のネタにしています。

実はドラフト会議の直前に私は、真中監督より先に密かにガッツポーズをしていました。

本番３日前の試合中に、高山がファウルボールを追いかけてフェンスに激突しました。前日になって、右手首の骨折が判明したのです。

軽傷であっても、これで他球団が手を引いてくれるならしめたもの。ずっと追いかけて1位指名するつもりだったので、すぐさま担当スカウトに電話をかけさせ、方針が変わらないことを明大側に伝えました。

当時ヤクルトはバレンティン、雄平と外野の駒は豊富でしたが、高山は三拍子そろってモノが違い、即戦力として使えると評価していました。守備面の不安を指摘する声もありましたが、気になるほどではありませんでした。

外野手だった真中監督とも何回も話をして、「これしかないですよね」と意見が一致しました。

真中監督は若いこともあり、フットワークが軽く、神宮で東京六大学や東都大学野球が行われると、早く球場に来てスタンドで観戦するなど、とても熱心でした。

だからこそ、ガッツポーズが勘違いだったと分かるとスカウト一同、大いに落ち込みました。高山は骨折の影響を感じさせることもなく、1年目から打率・275、8本塁打で新人王を獲得したのでした。

ただ、ヤクルトも外れ1位で東洋大・原樹理投手、2位で智弁学園高・広岡大志内野手、3位で竜谷大平安高・高橋奎二投手を確保しました。総合点ではいいドラフトとなりました。

寺《てら》島《しま》成《なる》輝《き》

甲子園は選手を比較できる貴重な機会

２０１６年ドラフト

　２０２０年春の選抜高校野球と夏の全国高等学校選手権大会が、新型コロナウイルス感染拡大の影響で中止になりました。選手にとっては一世一代の晴れ舞台。中止にしてほしくなかったですね。

　スカウトにとっても大きな痛手といえます。その年のドラフト候補が2年から3年になって初めての全国大会で、いろんな選手を見て目を肥やす第一段階なのです。

　大会の前には例年、「スカウト総会」という懇親会が開かれます。私は２０１５年までの４年ほど副会長を務めていました。各球団のスカウト１２０人ほどが一堂に会し、「また今年も頑張るぞ」と気持ちを新たにしたものです。

　他球団のスカウトとは騙し合い、腹の探り

合い。同業者同士でウソをついていい仕事なんです。

私も痛い目を見たことがあります。ある年、他球団の先輩スカウトに「大阪に誰かいいのいない？」と聞かれたので、隠し玉と考えていたある内野手の名前を答えました。そのスカウトはすでに知っているふうでしたが、後でヤクルトの小田義人スカウト部長に「なんで言うんだよ。あれはおまえが近畿大会で見つけてきた選手だろ」と怒られてしまいました。

確かに思わぬ掘り出し物の情報を耳にしたら、逆に何食わぬ顔で「知ってたよ」と言いますよね。その選手はドラフトで私が教えたスカウトの球団に思ったよりも上位で指名され、タイトルを獲得するなど大成しました。

スカウトの仕事としては大失敗でしたが、自分が追いかけていた選手が活躍しているのは、うれしいものです。

スカウトにとって、春夏の甲子園は選手を比較できる貴重な機会。担当している選手と他の選手を同じ土俵で見比べて、ドラフトで評価するときに「あれが3位なら、担当の選手は4位だな」と自分なりに見極めます。だから、狙っている選手が甲子園で頑張ると、「いや～、まいったな。値段上がっちゃったな」と腹の中で思っているもの。自分しか目をつけていなかった選手が活躍したりすると、本音は困ります。松坂大輔のように大活躍すると、競争率が高くなってしまいます。

私が最後に携わった2016年のドラフト

では、作新学院高の今井達也、横浜高の藤平尚真、履正社高の寺島成輝が、高校生投手のビッグ3と言われていました。

　夏の甲子園優勝投手になった今井は、栃木県大会と甲子園では球速が全然違いました。甲子園で勝ち進むにつれて、ドンドン速くなっていったのです。私は甲子園で成長したのではなく、「火事場の馬鹿力」ではないかと考えてしまい、そこが引っ掛かりました。これはときどき起こる現象で、甲子園の〝魔力〟で意外な力を発揮することがあります。

　同じように疑問符をつけた球団もあったのか、今井を1位指名したのは西武だけ。この年は各球団とも評価が分かれ、藤平は楽天、寺島もヤクルトがそれぞれ一本釣りとなりました。

2016年のドラフト

1巡目は各球団指名で重複の場合は抽選、2巡目以降はウェーバーで行われた。1巡目で田中正義投手（創価大）をロッテ、ソフトバンク、巨人、日本ハム、広島が指名し抽選の結果ソフトバンクに決定した。柳裕也投手（明大）を中日と横浜が指名し中日に決定。1位を抽選で外した5球団がすべて佐々木千隼投手（桜美林大）を指名しロッテに決定。ヤクルトは単独1位で寺島成輝投手（履正社）、3位で梅野雄吾投手（九州産）、ロッテは2位で酒居知史投手（大阪ガス）、6位で種市篤暉投手（八戸工大一）、西武は単独1位で今井達也投手（作新学院）、3位で源田壮亮内野手（トヨタ自動車）、オリックスは単独1位で山岡泰輔投手（東京ガス）、4位で山本由伸投手（都城）を指名し獲得した。

アマチュア時代の

寺島成輝

大阪府高槻市出身。幼稚園年長組の時から、軟式野球を始めた。小学4年から硬式野球の茨木リトルリーグに入団。中学も硬式野球の箕面ボーイズに入団。

中学3年時には世界少年野球大会に出場し優勝。高校は誘われて履正社高校に進学。

履正社高校では1年夏から大会で好投した。1年秋からエースになり、甲子園を目指す。

2年夏の大阪大会は初戦で大阪桐蔭高校に敗退。2年秋の2回戦、高槻高校戦で5者連続含む11三振、5回参考記録ながら完全試合を記録。準決勝で大阪桐蔭高校に1対2で敗れ、3位決定戦でも敗れた。

3年春の大阪大会では、26回3分の1で27三振、無失点で優勝。近畿大会でも優勝した。3年夏は、4試合に投げ完封3、29回を投げ、43三振、1失点と好投し優勝した。

バッターとしても打率・643の好成績を残した。

甲子園の1回戦では2安打1失点の完投勝利。2回戦の横浜高校戦でも6安打1失点で完投勝利。続く常総高校戦ではリリーフして、5者連続を含む7三振、7回3分の2で3失点、打っては3安打1打点と活躍したが敗れた。

大会後、アンダー18のアジア選手権の日本代表に選出。香港戦、中国戦に先発し、12回ノーヒット25奪三振と好投、2勝を挙げ最優秀防御率、ベストナインを受賞。恵まれた体から投げ下ろすストレートは威力があり、変化球も多彩。

高校NO1投手としてドラフト1位候補として評価された。

梅《うめ》野《の》雄《ゆう》吾《ご》

衝撃を受けた山本由伸を指名しなかった理由

２０１６年ドラフト

　２０１６年ドラフト3位で入団した九産大九州高の梅野雄吾投手は、４年目の２０１９年に68試合に登板。中継ぎとして順調に成長しています。

　甲子園出場はありませんが、高校時代からいい度胸をしていました。平川剛監督から「身体能力もムチャクチャ高い」という話も聞き、「絶対に獲らなければいけない。ひょっとしたら、すぐに使えるかもしれない」と熱心に足を運びました。

　担当は関西担当時代に山田哲人を発掘した松田慎司スカウトです。いい選手が多い九州を強化するため、私がチーフのときに担当を替えました。九州では梅野に続き17年には村上宗隆を獲得と、チームに大きな戦力をもたらしてくれています。

スカウトは試合を見たら練習を見ます。練習を見たら試合を見ます。確認作業の繰り返しを程よい間隔で続けます。ただ、根を詰めて見ない方がいいこともあります。いい案配のところでやめないと粗が見えてきて、本当に大丈夫なのかと不安になってきます。

その典型例が同じ年の九州にいました。都城高の山本由伸投手を最初に見たときには、「これはすごい。いける」と衝撃を受けたものです。スライダーがいいという触れ込みで、評価は梅野よりも上でした。ところが夏前に見たときには、ボロボロになっていました。この年のドラフトではオリックスが4位で指名しました。スカウトが悪いときに見ていなかったのかもしれませんが、よく獲ったと思います。

山本は2年目から中継ぎで45試合32ホールドと活躍し、3年目で先発に転向した2019年は防御率1・95でタイトルを獲得しました。

スカウトは経験が役立つ仕事ではありますが、キャリアが邪魔になることもあります。選手をチェックするとき「あの成功した選手と似ている」と引き合いに出せますが、一方で過去の似たような選手のイメージが先行して、新鮮味がなくなる面もあるのです。頭を整理し、先入観なく見なければいけないということは、スカウトを辞めた今になって強く感じるところです。

アマチュア時代の

梅野雄吾

佐賀市出身。小学5年から軟式野球を始めた。中学時代は硬式野球チームの佐賀フィールドナインに入団。

3年の時にセカンドとして出場し、九州大会で優勝した。

高校は、九産大九産高校に進学。ピッチャーに転向し、甲子園を目指す。1年秋の新チームからエースになり、2年春の大会で球速は143キロまで伸びた。

2年夏の福岡予選では3回戦で敗れる。2年秋の福岡大会で、148キロ、149キロのストレートを連発し、プロのスカウトから注目され始めた。

準々決勝・希望が丘高校戦で12回10安打14三振、4対3完投勝利、準決勝の福岡大大濠高校戦では1対0のノーヒットノーランで勝ちあがった。決勝でも8回までノーヒットで、惜しくも2試合連続のノーヒットノーランはできなかったが、小倉高校相手に1安打1失点で優勝。

九州大会の1回戦を4対2完投で勝ち進んだが、2回戦で鹿児島実業高校に敗れベスト8。

冬のトレーニングで走り込み、体幹を鍛え、3年春には球速は150キロまで伸びた。多くのプロのスカウト達が見に来た練習試合の東海大福岡高校戦で154キロのストレートを投げスカウト陣を驚かせた。

3年夏の予選は福島高校に敗れ3回戦敗退で甲子園の夢は断たれた。

性格もプロ向きで12球団から調査書が届き、ドラフトでの指名はほぼ確実。

九州最速の本格派で本人もプロ志望届を迷いなく提出した。

おわりに

現役9年間。スカウトとして29年間。自分で言うのもおかしいかもしれませんが、なかなか面白いプロ野球生活だったと思います。ヤクルト球団には24歳で入団。チーフスカウトとして定年を延長してもらい、62歳まで38年間もお世話になりました。

スカウトになり、高校野球で甲子園球場に行くと、自分が現役時代に投げていた球場をスタンドから見るのは、何とも不思議な気持ち。スカウト生活では、やはり春夏の甲子園でのスカウト活動が一番印象に残っています。

スカウトはプロ野球界の親代わり。時にはお父さんのような厳しさで叱咤激励。時にはお母さんのような優しさで「よく頑張っているね。もう一息だぞ」と、交互に使い分けなければいけません。時には兄のように、相談役になることも求められます。

スカウトの醍醐味は、何といっても自分が発掘した選手が活躍してくれた時でしょう。2004年に川島亮が新人王を獲得したのは、私にとっても宝物ですし、自信にもなりました。

しかし、1位で入団するような選手は活躍して当たり前とみられます。スカウトとして年数が経ってくると、4位や5位の下位指名で、活躍する選手を夢見ました。それこそドラフトで下位指名だったイチロー（オリックス1991年4位）のような選手を発掘できれば、こんなに誇れることはありません。

スカウトが一番うれしいのは、投手がプロ初勝利を挙げた時。「おかげさまで勝てました」と電話をくれると、涙が出てきます。親御さんからも連絡をもらったこともあり、これはスカウト冥利に尽きます。

逆に、ユニフォームを脱ぎ、球団を去ることになり「お世話になりました」という電話は、本当にさみしい。でも、しっかり感謝を伝えられるということは立派なことで「いい育ち方をしたな」と第二の人生を応援したくなります。

私が一番感謝したいのは、今でも宮崎で暮らしている母親のシゲ子です。宮崎商の時は新名監督の家に下宿していたのですが、今のようにコンビニもない時代。下宿の食事だけでは足りないだろうと、毎日のようにお弁当を作って、家から30分かけて届けてくれました。

中学の時も、泥だらけになったユニフォームやアンダーシャツ、ソックスを洗濯し、大変だったはず。試合もいつも見に来てくれました。

宮崎商の新名監督には厳しく指導され「カラスが泣かない日はあっても、鳥原が怒られない日はない」と称されたほどです。練習中に水を飲んだらいけないという時代に、毎日ブルペンで100〜200球。夏休みは毎日500球を投げ、昼前から夕方までかかりましたが、かわいがってもらっていたというのが、今になるとよくわかります。おかげでプロ野球選手になることができました。

家族。高校、社会人、ヤクルトの指導者、同僚、他球団の同業者。多くの方の話を書かせていただきましたが、この場を借りてお礼を申し上げ、感謝したいと思います。

鳥原さんは２０１５年の優勝を支えてくれました

ヤクルト・スワローズ前監督　真中 満

私が１９９２年のドラフト３位で日大からヤクルトに入団した時の担当スカウトだったのが鳥原さんです。２０１５年からは監督とチーフスカウトとして関わり、縁がありました。

スカウトにとって１、２巡目で獲ってきた選手は外せない。下位指名で獲ってきた選手が活躍することがスカウト冥利に尽きると思います。

監督１年目の２０１５年に、ヤクルトが14年ぶりにリーグ優勝した時は、畠山和洋（２０００年ドラフト５位）が打点王、川端慎吾（２００５年高校生ドラフト３位）が首位打者、正捕手の中村悠平（２００８年ドラフト３位）と、高卒の上位指名ではない選手が、軸になってくれました。雄平（２００２年ドラフト１位）、小川泰弘（２０１２年ドラフト２位）、石山泰椎（２０１２年ドラフト１位）といった上位指名で入団してきた選手も含め、チーフだった鳥原さんの指揮のもと、スカウトの方がいい選手を集めてくれたおかげと思っています。

私は監督時代に、ナイターの前に神宮球場で大学野球がやっていると、時間があれば試合を見に行っていました。しかし、それは確認作業。ドラフト候補になっているのは、どんな感じの選手なのか、チェックしていました。

気になる選手がいれば、実際

にスカウトの目で見た評価はどうなのか、聞いたこともあります。監督としての意見は伝えていましたが、最終的に決めるのはスカウトや編成部の仕事。スカウトの方は1年間全国を回って見ている。それを2、3回見て「これはいいから取りましょう」と言うことはありませんでした。

　鳥原さんとは、チームの補強ポイントのことを、よく話をしていた。具体的にどの選手が欲しいということではなく、二遊間の守れる内野手、球の強い左投手など、その年によって違ってきます。よく現場とフロントの意見がかみ合わないことがあると聞きますが、鳥原さんと衝突するようなことはありませんでしたね。

　思い出されるのは、２００５年の春季キャンプ。私はケガをして一軍の沖縄を離脱し、二軍の宮崎・西都キャンプで調整することになりました。ところが、宮崎行きのチケットが取れず、隣県の鹿児島から西都に入ることになりました。その時に、鹿児島空港まで迎えにきてくれたのが、鳥原さんでした。

　当時はプロに入って13年目。西都までは2時間ぐらいかかるのですが、車中で学生時代や、プロに入団した頃の昔話をして、懐かしかったことが思い出されます。

プロに入った時も細かく「ああしろ、こうしろ」と指示するのではなく、暖かく見守ってくれた印象ですね。

　日大には鳥原さんを始め、ヤクルトのスカウトの方がよく足を運んでくれていた印象があります。仮契約の時は栃木県の大田原まで来てくれました。当時のセンターは飯田哲也さんが絶対的なレギュラーだったので、「抜けるように頑張らないといけないな」と激励してくれました。

　冗談で「鳥原さんのおかげで僕がありますよ」と言えるような関係で接しやすい。いつも支えてくれたことに、感謝しています。

これまでご指導頂きました先生方、
各野球部の監督のみなさまのご支援により、
プロ野球選手になれました。
深く感謝し、お礼申し上げます。

本庄小／川村厳先生、小川テル子先生
本庄中／河野幸一先生
宮崎商業／新名髙先生、宇都宮勝監督
日向学院高校／三原武博先生
東洋紡績／林健治監督
日立製作所／山田智千監督
日本大学／和泉貴樹監督

元ヤクルトスワローズチーフスカウト鳥原公二
プロ野球スカウトの裏話 トリ物帖
2020年8月25日　第1版第1刷発行

［著　者］　鳥原公二
［編　集］　産経新聞社夕刊フジ
舵社　大田川茂樹
［デザイン］　舵社　鈴木洋亮

［発行者］　植村浩志

［発行所］　株式会社 舵社
105-0013
東京都港区浜松町1-2-17
ストークベル浜松町
TEL：03-3434-5181
FAX：03-3434-5860
［印　刷］　株式会社シナノパブリッシングプレス
ISBN978-4-8072-6559-6